救う力

人のために、
自分のために、
いまあなたができること

吉岡秀人
Hideto Yoshioka

廣済堂出版

救う力

人のために、自分のために、
いまあなたができること

本書を、幼くして死んでいった多くの貧しき子どもたちと、
未来を生きる日本の子どもたちに捧げる。

まえがき

「あなたはウルトラマンみたいな人だ」と言われたことがある。

テレビで見るヒーロー、ウルトラマンがウルトラマンたる所以《ゆえん》は、苦しんでいる人や困っている人を当たり前に命がけで助ける。見返りを求めないということにある。

彼は地球を救うという目的しか持っていない。

だからこそ、子どもたちはウルトラマンにこころの底から憧れ、尊敬する。

私が十五歳の頃、アジアやアフリカの悲惨な現状が、連日のようにテレビや新聞で報道されていた。その現状を知り、私はこの苦しんでいる人たちを助けることができればと思った。

そう、ウルトラの戦士になってみたいと思ったのだ。

そして十九歳で大学受験に失敗し、浪人生活をしていたある時に、〝ウルトラの戦士〟として、医療部隊を志願したのだった。

ところが怠惰な一〇代を生きてしまった私は、その高い志とは裏腹に、現実には医学部に入るどころか、受験予備校に入ることすらままならず、二年浪人してようやく、医学部に入学したのだ。二〇歳のときだった。

その一〇年後、私はウルトラの戦士として〝初陣〟を向かえ、軍事政権下のミャンマーという国に旅立った。

先日、私と同じ年齢のある看護師に、こんなことを言われた。

「私も先生と同じく一〇代の頃に同じようなことを思い、看護師をめざしました。しかし気がつけば何もできないまま、この年齢になっていました。

先生と私の結果の違いは、行動したか、しなかったのか。ただそれだけだったのかもしれないと思いました」

そう、その通り！

――私にできることは、誰にでもできる。誰にでもできることは、私にもできるかもしれない――

これが私のモットーだ。

つまり、誰でもウルトラの戦士になれるのだ。

ところで、多くの子どもたちが尊敬する人として、一番に挙げるのは誰だと思いますか?

正解は、父親と母親。

実は、子どもたちにとって、一番のヒーロー、ウルトラマン(ウルトラウーマン)は、両親です。

ところが困ったことに、身近にいるウルトラマン(ウルトラウーマン)は、自分や家族以外をあまり救おうとしないし、地球のことは心配せず、いつもお金の心配をしている。しかも、悪と戦うどころか、夫婦でけんかしたり悪口を言ったりして、味方同士でもめている……。

そうしていつの間にか、子どもたちのこころの中から、ヒーローやヒロインは静かに退場していく。

地球を救うウルトラマンは、大きな愛情(母性)と、勇気(父性)をあわせ持っている存在だ。

十分に母性を与えられなかった子どもは、生涯、愛情欠乏を生む。その欠乏を補うためにお金や名誉を求め、そしてそれらは、決して満たされることはない。だからこそ母親の役割は大きい。

一方、子どもへの父性の欠乏は、子どもから生きる力を奪う。最近問題になっている引きこもりは、日本社会から父性が喪失していることを示している。

子どもがもとのように生きていくためには、冷え切ったこころのエンジンを温め直さなければならないが、そのエンジンが再び温まることは少ない。

母親が父親を罵倒したり、否定したりする行為は、父性の喪失と否定を招き、子どもの生きる力を奪い続ける行為なのだ。


今でも私には忘れられない光景がある。

私の家は小さな工場をしていて、自動車の座席シートをつくっていた。

子どもの頃、いつも学校から帰ると、ステテコをはいた父親がラジオを聞きながら、暑い日も寒い日も同じように黙々と仕事をしていた。

まえがき

その姿は、労働に対する私の原風景になっている。

だから、今でも黙々と働く人たちを、私は美しいと思う。

夜の工事現場で寡黙《かもく》に働く労働者たち、夜中のコンビニで働く若い人たち……。がんばって生きようとするそんな姿が、私には美しく見える。そして、彼らを尊敬する気持ちにすらなる。

それは、父親のおかげだと思う。あの父親の姿を幼き日に目撃していなければ、決してそうは思わなかっただろう。

父親はもっとも尊い教えを、言葉でなく、行動を通して私に伝えてくれた。

何年もの時間をかけて、静かに染み込むように、黙々と働くこと、生きることの美しさを、私に教えてくれた。


かつて貧しかった日本の子どもたちの最たる願いは、「母親を楽にさせたい」ということだった。

日本の母親たちは、貧しい中、朝から夜まで家族のために働き続けていたからだ。

こういう父親や母親の存在があればこそ、日本は世界でもっとも発展した国になれたのだ。

私は医師だから、病気の人たちを救おうとするが、医療者でない多くの人たちは、自分なりのウルトラの戦士をめざせばいい。

教育でもいい、近所の人たちのお世話でもいい、地球環境のためでもいい。どんな仕事でもいいから、自分の関われる世界で、ウルトラの戦士として、世の中のために少しがんばってみてほしい。

ウルトラの戦士の職種は、無限にある。

そして、無限に必要とされている。

汗まみれになって働いている大人たちや、がんばって生きているあなたの姿は、きっと子どもたちにはかっこ良く輝いて見えているはずだ。

けっしてそれを惨めだと思わず、かっこ悪いとも思わず。

ウルトラマンは、惨めに地面に叩きつけられても、土まみれになっても、戦っていたではないか。

あなたのその日々の生き様が、将来、自分の子どもや孫を救う行為だということを忘れないでほしい。

あなたのその姿こそが、子どもたちの網膜に焼きつき脳に伝達され、やがてＤＮＡに刻まれていく。

あなたの発揮する力は、まさに時空を飛び越えて、子どもたちの未来を救うのだ。

そして、あなたの救う力の解放は、未来の世界と、あなた自身の未来をも救うことになる。

あなたの中に眠る救う力が、この本を読み進むうちに、一つずつ解き放たれていくだろう。

未来の日本や世界の子どもたちのために、私とともにウルトラの戦士となろうではないか。

吉岡秀人

救う力

CONTENTS

目次

まえがき 3

第1章 自信を失っているあなたへ

現実の壁 一種の幻影。未来の自分を裏切る人がよく使う言葉。 18
常識の足かせ 自分を信じ切れない人が一歩を踏み出せないちっぽけな理由。 23
困難の快楽 困難を乗り越えた人だけが手にできる本当の自由、人生の豊かさ。 28
弱気の虫 自省しない人には増殖をくり返し、自省する人には気づきのシグナルを鳴らす虫。 34
自己肯定感 生まれたときから脳の中に刻み込まれている心地良い感覚。 38
才能の評価 人生のすべてを決める能力の見定め。ただし、その評価は自分しかできない。 42
後悔の価値 悔いへの振り返りが持つ重み。再生の起爆剤にもなり得る。 46
生き方の精度 生き方において、考え方や行動のバラつきを示す尺度。 51
自己相対化 ちっぽけな存在だけど、大きな存在である自分を知る作業。 55

第2章 孤独を感じているあなたへ

能動的な孤独
自分を見つめるために、あえて孤立無援の環境に身を置くこと。――60

決断までの負荷
やりたいことを行動に移すまでの、体にため込むエネルギー。――64

断ち切る覚悟
新たな出発を阻《はば》む人間関係のしがらみを蹴散らす勇気。――67

精神的支柱
孤立無援の状態になっても自分を支える頼もしい存在。「信念」ともいう。――71

孤高と自由
群れることを拒んで志を守る気高さと、空をも飛べるような心の状態。――75

創造力と孤独
創造性と、それを磨く魂。――79

利他的本能
人のために尽くしたくなる根源的な欲求。――84

アウトプット
知識、経験、体力、技術、お金など、自分の中にため込んだものを吐き出すこと。――89

第3章　本気になり切れないあなたへ

開き直り　腹を決めて事の成り行きを見る状態。前向きと後ろ向きのケースがある。——96

人生の価値　形や数字ではけっして表せない、自分の生きた証《あかし》。生きる意味。——101

人生の真実　生きた証がわかる〝秘密の宝箱〟——107

生き方のベクトル　望んだ方向に力強く進み続けるエネルギーの指標。——111

天職との出会い　「このために自分は生まれてきた」と思える仕事をつかみ取ること。——114

労働の対価　仕事に対するご褒美、喜び。お金だけとは限らない。——117

内部感覚　あなたの未来を決める、体に埋め込まれた羅針盤。——121

感性の声　行動をうながすために、心の中で響く〝運命の号令〟——127

愚直の魂　正しいと思えば、非合理なことにも向き合う日本人の美意識。——132

第4章 挫折感で立ち直れないあなたへ

無力感との闘い 力のなさを感じていても、なお立ち向かおうとする自分との格闘。 138
挫折の真価 良い経験とともに、悪い経験も味わった人でないとわからない人生の豊かさ。 143
人としての基礎力 高い能力を発揮するためになくてはならない、人間としての土台。 147
攻めと防御 どちらかを優先するのではなく、同時に行う闘い方の極意。 151
努力と結果 どちらも他人に誇っても意味がないもの。努力だけが、自分に誇れる。 154
好不調と因果関係 生き方の良し悪しを決めるリズムと、その背後にある因果律。 157
与えられた時間 人生に残された時間。使い方次第でその価値が変わってくる。 161
やり切った感 何かを成し遂げたときの無上の喜び。ただし、一瞬で消える。 164

第5章 輝く未来を持つあなたへ

自分の救済　弱った自分がいたら、何が何でも立ち直らせる自助努力。――170

人生の選択　もし何もしなければ、自分の可能性のすべてを失う決断。――175

自立と個性　自分で考え選択できる思考・行動習慣と、それによってつくられる人柄。――178

未来の自分　やさしくも、冷徹な目であなたを見つめる存在。――182

自分との勝負　いま逃げてしまったら、一生、後悔することになる闘い。――185

特別な存在　誰よりも光り輝いている存在。あなたのこと。――190

つなぐDNA　血のつながる子孫だけでなく、他人にも刷り込まれるあなたの記憶。――193

一〇〇年後の命　あなたがいない未来で生き続けている、あなたの存在。――199

日本的善心　日本人としての善き心、または人として歩むべき道。――203

救いの循環　生きている意味を確認することができる、創造主の用意した摂理。――208

あとがき――220

第1章

自信を失っているあなたへ

現実の壁

――一種の幻影。未来の自分を裏切る人がよく使う言葉。

頭の中にある「壁」にひるんでしまう人がいる。
誰が、その壁を「現実」だと断じたのか。
行動を起こせない自分の言い訳にしているだけではないか。
自分を信じられない人は、
とかく「現実の壁」という幻影をつくりたがる。
それは、未来の自分を裏切ることに他ならない。
まず、そのメンタルブロックを取り外すことから、すべてが始まる。

第1章
自信を失っているあなたへ

誰も信じてくれなくても、自分だけは自分を信じる

人生には何度か「現実の壁」に直面することがある。現代の日本人の多くの若者が経験する受験も、そのひとつかもしれない。

私は、大学の受験では二浪している。医学部受験を思い立ったのが、一浪した年の夏。友人の進路指導票に、「医学部」がチェックされていたのを見て、かつて抱いた「人のために役に立つ仕事に就きたい」という思いが雷のようにとどろいた。

そうか、医者だよ、医者。中学生の頃に、飢餓に苦しむアフリカの子どもたちをテレビで見たときのショックが、医学部という文字に呼び覚まされたのだ。

それにしても、私には無残な過去があった。高校時代は遊びほうけ、ぎりぎりの成績で卒業。現役受験は当然のように失敗。予備校は試験を五回受けてかろうじて入れた。そんな文系志望の劣等生が、一浪の夏になって突然言い出した医学部受験。母は本気で気がおかしくなったのかと思い、私に諦めさせるよう友人たちに頼んだ。

「医学部なんて、東大や京大に行く実力のあるヤツが行くところだ。お前のような学力で行けるわけがないだろう。しかも、お前は文系じゃないか！」

友人の言うことは痛いほどわかっていたが、雷鳴は心をゆさぶり続けていた。そして、まわりの反対を押し切って、宣言通り医学部を受験。案の定、一浪目はものの見事に撃沈。二浪目に入ってもなかなか成績は伸びず、思い通りにならない現実に押しつぶされそうにもなった。夜も眠れない日が続く。

だが、諦めたくはなかった。ここで諦めてしまったら、将来も、目の前の現実と添い寝する人間になりそうな気がした。誰も信じてくれないわが身を哀れだとも思った。

しかし、決心した。

「せめて、自分だけは、自分を信じよう」と。

◎自分の心からの欲求に耳を澄ませ

幸いにも二浪の十一月頃になって、急に成績が上がり始めた。十二月には模試の偏差値が六〇を超えるようになった。一浪のときは三〇台だった偏差値が、殊勝にもここまできてくれた。

現実の壁にひびが入り始めたのだ。

そして、春の芽吹きと同時に、合格通知が届いた。私を受け入れてくれたのは、大

第1章
自信を失っているあなたへ

分医科大学（現大分大学医学部）。医師免許をとるのに、大学のブランドなど関係ない。私の医学部入学の目的はただひとつ、「医師になること」だ。親に余計な負担をかけることのない国公立大学の医学部なら、どこでも良かった。

それにしても、なぜ合格できたのか、私はずっと不思議でならなかった。それなりに自分を追い詰めて勉強はしていたが、二浪の、しかも秋が深まる頃になって、なぜ偏差値が急に上昇したのか、その理由がよくわかっていなかった。

一浪の頃は、深夜友達から電話がかかってきて「いまゲームセンターにいるんだけど、こない？」と言われれば、ほいほいと出かけていた。二浪になって変わったことといえば、そんな友人とも少しずつ疎遠になったことだ。

それで勉強時間が長くなったかといえば、実際は逆。むしろ短くなった。難関大学に行くような浪人生には、一日一〇時間以上、勉強する連中はざらにいたが、私は六時間が限度。そんなオレがなぜ？

ずっとあとになって、気づいたことがある。あの頃、勉強以外に自然に身についていた習慣があった。当時、私は就寝時間を午後九時と決めていたが、毎日、寝る前に、自分がなぜ医学部に行かなくてはいけないのか、必ず自問自答した。

「飢餓や病気に苦しむ子どもたちを助けたいからだ」

答えはいつも決まっていたが、心からの欲求を確かめ、医者になった自分の姿を想い浮かべた。

そして朝四時半に起床して、まずランニング。一歩一歩、昨晩の心からの欲求を噛みしめるように走った。そして、朝風呂で汗を流し、予備校に向かった。

そんな習慣が、短い時間でも集中できた理由かもしれない。規則正しい生活のリズムもさることながら、心からの欲求が〝集中エンジン〟になっていた。

もしあなたが、いま自信を失っているとしたら、自分の心に素直に問いかけてみるといい。

目の前の「現実の壁」を動かしがたいものとして、夢や理想を諦めるのか。それともそんな「現実の壁」など陽炎《かげろう》にすぎないと、自分の確かな未来を信じるのか。

心からの欲求は、現実を動かす力を持っている。それを忘れてはいけない。

常識の足かせ

——自分を信じ切れない人が一歩を踏み出せないちっぽけな理由。

自分を信じることができれば、人の評価などちっぽけな問題だ。
人の評価とは、世間の常識によってつくられる。
そんな評価にいったいどれだけの意味があるだろうか。
常識を疑え。常識の壁など、踏み潰《つぶ》して行け。
自分に自信が持てないのは、常識が足かせになっているからだ。
世間の評価に合わせて、自分を見ているからだ。
己の目で見た自分を信じる。あなたの常識は、あなた自身がつくり出す。

志す道をふさぐ「常識」は踏み潰せ

六年間の医学生生活を終えると、研修先を選ぶことになる。いまは研修医制度も改革されて自由度はだいぶ高まっているが、私の頃は、医局制度が支配していた。

医学部教授が関連病院の人事を左右するのが医局制度だ。研修生の意思や技量は軽視される傾向はあるが、医師としての将来的な安定は確保される。だから、当時は大学病院に残ることが医学生の常識とされていた。

しかし、私はその「常識の道」を選ばなかった。医師として海外医療に貢献したいという思いを少しでも早くかなえたい。そのためには、大学から離れて一般病院でさまざまな経験を積むことが一番だと考えた。

当然まわりからは猛反対された。こちらの将来を慮《おもんぱか》ってのことだろうが、その気遣いを振り払って、ひたすら前に突き進むことにした。

最初に勤務したのは、私が生まれ育った大阪の救急病院。二年目からは、神奈川県の鎌倉にある関連病院の産婦人科の研修を希望した。海外医療で貢献するには、出産や分娩《ぶんべん》の周産期医療は必須と考えたからだ。

その後いったん大阪の病院に戻ったが、鎌倉との掛け持ちが続いた。当直と通常勤務を終えた日の夕方、大阪から新幹線に飛び乗り、夜の十一時頃に鎌倉の病院に到着。そのまま当直で、朝まで分娩をこなす。

朝八時から夜八時まで産婦人科の手術に立ち会い、それが終わると東京駅に向かい最終の新幹線で大阪に帰る。車中は爆睡。翌日には、朝からの通常勤務と当直が待っていた。とにかく、がむしゃらに働いた。

勤務医を四年続けた頃に、私の前に「その時」が訪れた。以前から連絡をとっていた海外医療協力をするNGO（非政府組織）から、ミャンマー派遣の打診があったのだ。当時三十歳。医師としてはまだ半人前だった。その技量でいったいどこまで貢献できるというのか。まわりにはそう考える人もいた。しかし、私にはそんな「常識」は、志す道の足かせでしかない。踏み潰していく決心をした。

◎与えられた環境の中で最善を尽くせ

私にとって、海外医療活動の最初の赴任地となったのは、ミャンマーのほぼ中央部にあるメッティーラという町だった。市内と周辺の農村で三十二万人の人口を抱えていたが、医者は農村部に一人、市内にもほんのわずかしかいなかった。

医療保険制度のないミャンマーでは、薬代から注射器の針に至るまで自己負担。抗生物質などを使えば一週間分の収入が一日で吹き飛んでしまう。現地の人にとっては、病気になっても医者にかかるなど、遠い雲の上のような話だった。

そのメッティーラのはずれにある小さな家屋を拠点にして、四つの村を巡回して診療や手術にあたるのが私の日課になった。

現地では、日本の医療界の常識など通用しない。粗末な家屋の中で、ハエをうちわで追いながら手術をした。診療所には、日本人の医者が無料で診《み》てくれるという噂を聞きつけ、二、三日もかけて訪れる患者やその家族が列をなした。

西洋医学を学んできた身からすれば、不衛生で、十分な麻酔薬や麻酔設備のない中で、難しい手術をすることはためらわれた。当初は、「ここではできないから」と患者をやむなく追い返したこともあった。感染症になるリスクや命を危険にさらす可能性も考えたら、それは医学的には常識的な判断だった。

しかし、その常識も通用しないことをすぐに思い知らされる。現地での医療活動を

第1章
自信を失っているあなたへ

サポートしてくれていたミャンマー人のスタッフがこう言うのだ。

「彼らはここで断られたら、一生、手術を受けられないに違いありません」

貧しさゆえに、手術代が払えない。ミャンマーに多い口唇裂《こうしんれつ》や、大やけどを負って手と手首や、腕と胴体がくっついたままの子どもたち。そんな子どもたちがこれから一生、人目を避けるような暮らしを続けていくことになる。

それを放置することは、医療者として戦う前から白旗を揚げるようなものだ。かつて抱いた、海外の恵まれない人たちに尽くすという「心からの欲求」はいったいどうしたのか……。ミャンマー人スタッフの言葉は、私に決断をうながした。

与えられた環境の中で、最善を尽くすのが、いまの私に課された使命であると。


人は、自分が生まれ育ち、学んだ環境の中で身につけてきた常識で、自分の行動の良し悪しを判断する。

だが、何かの壁にぶつかったときに、その常識がちっぽけな世界でしか通用しない〝ローカルルール〟であることに気づく。

小さな診療所で、私は大きな気づきを得ることができた。

困難の快楽

——困難を乗り越えた人だけが手にできる本当の自由、人生の豊かさ。

世間の常識に気を許してはいけない。
やがて、自分の人生を、他人が決めたルールに乗っ取られてしまう。
無為に世の中の流れに身をゆだねてはならない。
油断をすれば、生き方がどんどん小さくなってしまう。
一片の小枝が、岩を洗う濁流の中で浮き沈みするように
必死にもがきながらも、ひたすら息つぎをくり返す。
その苦難の先に、歓喜の大海原が待ち受けている。

第1章
自信を失っているあなたへ

濁流を楽しめ。逆風を全身で受け止めろ

メッティーラでの二年間は、あっという間に過ぎた。

生まれつき顔や体に奇形を持つ子、病気でお腹が異常にふくれあがった子、あるいは大やけどで手と体が癒着した子。そんな子どもたちが次から次に診療所を訪れたが、そのすべての子どもたちを救えたわけではない。鼻から胃へチューブを入れられたまま亡くなってしまった子どももいる。

私は、自分の医療者としての未熟さをまざまざと思い知らされた。小児専門の外科医療をもっと学びたいと考えて帰国し、国立病院に三年、大学病院に約二年勤めて小児の外科医療を一から学び直した。

もう一つ、現地で医療活動をしながら身にしみたことがある。

当時、主流になりつつあった国連や欧米型の医療支援活動への違和感だ。彼らは、医師が単独で恵まれない地域の人々のために取り組む医療を、非効率だと考える。いずれ死ぬとわかっている子どもに労力とお金を使うより、安価で確実に治る子どもの

治療や、より多くの人命を救うための保健・予防活動を優先すべきだというのだ。

効率性で、人の生死を判断していいのか。死ぬとわかっているからといって、何もしないでいいのか。目の前にいる病人に目をつぶって、予防活動に専念することが、はたして本当の正解なのか。

その違和感は、二〇〇三年に、同じNGOからの派遣で再びメッティーラに赴《おもむ》いたときに、痛切な現実として私の胸に突き刺さった。


私はメッティーラでの活動が終了したあと、余った資金を使って近くの無医村地域で診療や手術を行っていた。しかしNGOの駐在代表は、その資金は別の用途に使いたいという。看護師などを呼んで保健指導のワークショップを開きたいから手術費用にはまわすなと、私に強く迫った。

私が訪れた無医村地域には、一日に患者が五〇人も六〇人も集まっていた。その中には手術が必要な患者もいた。その目の前の患者を見捨てて、何がワークショップだと怒りが収まらなかった。

これが、日本の海外医療支援の現実なのか。だとすれば、一刻も早く、自分が理想とする新しい医療支援のあり方を世界に示す場をつくりたい。その思いを結実させるために、二〇〇四年四月に設立したのが「ジャパンハート」だ。

拠点は、ミャンマー第二の都市・マンダレー近郊にあるワッチェという小さな村。私を含む日本人六人と、数人の現地スタッフでのスタートだった。理想への第一歩であると同時に、新たな困難の始まりでもあった。

◎できないという勝手な思い込みが、心を萎縮させる

ワッチェはミャンマーを南北に流れる大河・イラワジ川に面する小さな村である。そこに村に唯一、僧侶が貧しい人たちのために設立した医療施設「ワッチェ慈善病院」があった。私たちの医療活動は、その一角を借りてスタートした。

いまから思えば困難というには大げさだが、電力事情の悪いミャンマーでは手術中に停電になるのは日常茶飯事。そのたびにスタッフが懐中電灯を照らし、発動機が動き出すまでの一〇分間、医者や看護師が総がかりで出血中の患部を手で押さえ止血していた。

貴重な寄付金で最新の滅菌器を買っても、電圧の変動でたびたび壊れてしまう。修

理に出しても数カ月はかかってしまう。その間は、湯を沸かして煮沸による滅菌でしのがなくてはならない。

そういった劣悪な施設環境以上に、私たちの前に立ちはだかったのは、現地の医療者の不審の目だった。慈善病院には常駐の現地人医師がいたし、近くの大都市マンダレーの医療関係者も、私たちの活動に神経をとがらせていた。

当時の私は三十八歳。尊崇の念を持って見られる現地の医師からすれば、「そんな若造にいったい何ができるのか」という思いだったに違いない。

あるとき、子宮内膜症を患い膀胱《ぼうこう》から、腹膜、腸までガチガチに癒着した患者の難しい手術を私がやると、大病院の産婦人科の教授が「産婦人科でもない医師がこんな手術をやるとは何事か」とクレームをつけてきた。

このときは慈善病院の理事長を務める僧侶がうまくいなしてくれたが、その後も、現地の医師免許を停止させられたり、日本での症例別の実績を書類で出せなどと、陰に陽にさまざまな嫌がらせがあった。

しかし、これを困難というなら、初めから海外での医療活動をする資格はない。

第1章
自信を失っているあなたへ

たとえ困難だとしても、それはごつごつとした石ころを磨いてくれる川の奔流のようなものだ。あるいは、批判や中傷があったとしても、それもすべて、私たちを上昇気流に乗せてくれる向かい風だと考えればいい。

逆風は、それを耐える人間にとっては、上昇のエネルギーになるのだ。

あなたが困難を前に、もし自信を失っているとしたら、その自信喪失の原因は、けっして目の前の困難ではない。できないという勝手な思い込みが、心を萎縮させているにすぎない。

困難に身をゆだねてみるといい。濁流も、その気になれば楽しむことができる。苦難を突き抜けた先に、人は本当の自由を味わう。そのときの心地良さが、おそらく人生の充実感なのだと思う。

弱気の虫

——自省しない人には増殖をくり返し、自省する人には気づきのシグナルを鳴らす虫。

思い通りにならないことが重なると、
体の中で「弱気の虫」が静かに巣づくりを始める。
自覚症状もあるはずだが、人はその〝虫〟から目をそむけたがる。
弱い自分を受け入れたくないからだ。
小さな巣穴は、やがて大きな〝病巣〟となる。
自分の弱さを自覚しない限り、弱気の病から脱け出すことはできない。
自分を変えることもできなければ、人生を切り開くこともできない。

第1章
自信を失っているあなたへ

「弱さ」は、生きていくうえでの安全装置

私も子どもの頃、自分に自信が持てない時期があった。体が弱く病気がちで、人前ではおどおどして、心の根が地についていなかった。その頃の自己イメージをいままでも引きずっているところがある。

一度しみついた自己イメージは、なかなか消し去ることができないが、うまく共存することはできる。「弱気の虫」をはねのけようとしなくても、飼いならせばいいのだ。

自分の弱さから目をそむけない。真正面から向き合う。そうすると、あることに気づく。弱さの自覚は、生きていくうえでのお守りのようなものだと。

自分の弱さを自覚すれば、自分をひとつ高みから見るようになる。無防備な戦いは避けようとするし、知恵を働かそうともする。弱い人間の、生きる知恵だ。それが、危険から自分の身を守る安全装置になる。

しかし、自分の弱さから目をそむけ続けていると、いつまでたっても弱いままだ。弱い自分から脱け出すことができないし、共存の知恵も働かない。

自省のない人間は、弱さを克服できないばかりか、ここ一番のときに危うくなる。

剣聖といわれた、あの宮本武蔵も、自分の弱さに転びかけた。有名なエピソードがある。

宮本武蔵が吉岡一門との「一乗寺《いちじょうじ》下り松の戦」の前に八大《はちだい》神社に立ち寄った。一生の大事ともいうべき決闘を前に「今日はどうか勝たせたまえ」と祈ろうとしたのだ。しかし、社頭にぶら下がる鉦《かね》を鳴らそうとした、まさにそのとき、武蔵は鉦を鳴らすことも、祈ることもやめた。自分の弱さを自覚したのだ。

「我れ神仏を尊んで神仏を恃《たの》まず」

そして、武蔵は決戦の地に向かい、吉岡一門を下すことができた。

武蔵ほどの剣の達人の心にも、弱さは潜む。しかし、弱さに心を乗っ取られそうになったとき、自省を心がける人間には、気づきが舞い降りる。その気づきは、一生の宝物だ。ある人はそれを、天啓と言う。

弱さの自覚が、弱さを克服する。弱さの自覚こそが、本当に強い人間をつくるのだ。

第1章
自信を失っているあなたへ

◎コンプレックスは「強い人間」になるための道しるべ

自分の弱さに流されてはいけない。克服しなくてはいけない。

しかし、せっかく天からの知らせがあっても、その気づきをメビウスの輪のように歪《ゆが》ませて、堂々巡りをくり返す人がいる。コンプレックスの塊《かたまり》というタイプだ。

そんな人は、そこでもう一度、気づいてほしい。コンプレックスもまた、人生のヒントなのだと。自分に強さをもたらす道しるべだと考えたほうがいい。

コンプレックスがあるからこそ、人はもがく。息のできない、暗闇の水中から這い上がろうとする。

もがけ。苦しめ。そしてコンプレックスを蹴り下げて、水面に浮かび上がれ！ **もがき苦しむ中で、人は生き延びるチャンスをつかむ。無自覚だった自分の才能にも気づく。思い切り悩む意味が、そこにある。**

自分の弱さやコンプレックスに対する自覚は、宝探しと似ている。誰も、宝のありかなんて教えてくれない。自分の才能は、自分で自覚するしかない。宝は、自分で探してこそ喜びがある。あなたの弱さやコンプレックスが、実は宝の地図なのだ。

自己肯定感

——生まれたときから脳の中に刻み込まれている心地良い感覚。

心が弱っていると感じたとき、実家に顔を出してみるといい。
生活に少し疲れたとき、ふるさとに帰ってみるのもいい。
ゆらいでいた心が、きっと落ち着くに違いない。
そこには、「絶対的な安定」があるからだ。
あれこれ悩むことも、考えることもない心のやすらぎ。
「いまの自分」のままでいいんだと思える安心感。
自分が生まれ、育った場所でしか手に入らない特効薬だ。

第1章
自信を失っているあなたへ

やわらかく包み込まれる感覚を、人は一生追い求める

私の実家は、自動車のシートなどをつくる小さな町工場を営んでいた。両親がいつも忙しく立ち働いていた姿は脳裏に焼きついている。近所のおばさんたちが内職で来ていて、いつもにぎやかだったのをよく覚えている。

喘息《ぜんそく》持ちだった私は、月に一、二度は大きな発作を起こした。そのたびに、母は私を献身的に看病してくれた。明け方、私が寝込んでいる横で、仕事でへとへとに疲れていたに違いない母が、座ったまま寝ていたこともある。

その頃は、「申し訳ない」という気持ちを持つほど、まだ心は成長していなかった。ただ、「なぜこんなにやさしいんだろう」といつも思っていた。ちょっとした戸惑いと、とても安定した感覚。それは、やわらかい何かで包み込まれるようでもあった。

いまから思えば、癒されるという感覚なのかもしれない。病気がちで自分に自信の持てない子だったが、このときばかりは、そんな自分の運命に身を任すことができた。これはいま思えば、自己肯定感という言葉になる。

その後、私はまったく異なる場面で同じ感覚を持った。医者として患者と向き合う

医療現場だ。

病気の子どもが横たわるそのかたわらで、やさしく見守る母親の顔。子どもの手術がうまくいって、喜んでいる母親の笑顔。子どもの病気が治って退院するときに、慈しむようなまなざしを子どもに向ける母親の顔。そんな母の姿を見たときに、「あぁ、そういうことか」とあらためて納得する。

私は、一生懸命に子どもたちの治療をして、自分自身が子ども時代に味わった感覚を追体験しているのではないかと。それが、いまの私に根源的なやすらぎを与えてくれるのではないか。だから困難はあっても、「やはりこれでいいんだ」と自分を肯定しながら前に進んでいけるのだと思う。

◎母に代わる自己肯定感の贈り主は誰か？

人は誰も、自己肯定感を追い求める。追い求めて、さまよい続けるのが、人の一生ではないか。仕事や人との出会いを重ねながら、ときには自分自身と向き合いながら、「これでいいのだ」と思える心の置き所を探す。そんな人生を私たちは歩んでいる。

その自己肯定感をもたらす、初めてにして最大のものは、生まれてから注がれる母の慈しみにあふれた愛情だ。大人になって、仕事で疲弊し、ちょっとした失敗で落ち込んだときに、久しぶりに母の顔を見ただけで癒されるのは、脳の奥にあるそんな記憶と無意識のうちにつながっているからかもしれない。

だが、動物の宿命として、子は必ず母親のもとを離れるときがくる。そのとき、母に代わってその感覚を与えてくれるのは誰か。

友人？　最愛の人？　あるいは、職場の同僚や上司、取引先かもしれない。

もちろん、近しい間柄の人たちだけとは限らない。血のつながりも利害関係もない赤の他人かもしれない。あなたの行動や行為によって救われ、笑顔を浮かべる人たちが世の中には大勢いる。

社会にあるものすべてが、あなたにとって、自己肯定感を与えてくれる存在なのだ。

だから、社会との関わりを断絶させてはならない。社会との断絶は、自己の消滅を意味する。

才能の評価

——人生のすべてを決める能力の見定め。ただし、その評価は自分しかできない。

自分の力をどこまで発揮できるかは、本人の才能次第だ。
持って生まれた才能が、人生の着地点を決める。
才能のある人間は、人生を大きく開花させ、
才能のない人間は、人生を中途半端なつぼみで終わらせてしまう。
努力も必要だが、努力ができるかどうかも才能である。
すべてが才能次第。才能が人生のすべてを決める。
ただし、その才能のありかは、本人以外、誰もわからない。

第1章
自信を失っているあなたへ

他人の評価に自分をゆだねるなんて、バカげている

だいぶ前の話になるが、NHKが画家・岡本太郎の生誕一〇〇年を機に制作した『TAROの塔』というドラマを見た。岡本太郎といえば、高度経済成長期に開催された大阪万博の会場にそびえた、あの「太陽の塔」を思い浮かべる人もいると思う。ドラマは、つねに異端視されながらも、芸術家としての信念を貫いた岡本太郎の生涯を描いていた。

その『TAROの塔』の中で、いまも忘れられない場面がある。

若き岡本太郎は画家としての修業のために、小説家で歌人でもある母親の岡本かの子とともにパリに渡る。しかし、太郎は西洋の名だたる画家の作品を目の当たりにして、自分の才能のなさに絶望する。

うちひしがれる太郎を前に、母のかの子は鬼気迫る表情でこう言うのだ。

「太郎、おまえの絵を最初に認めるのは、おまえしかないんだよ。人の評価に自分をゆだねてはだめ！」

この言葉は、強烈に私の胸に突き刺さった。

自分の才能は、誰が決めるのでもない。自分自身しか決められない。だから、自分の才能に絶望するなんてバカげている！

私たちは、さまざまな時期や場面で、自分以外の人間による評価にさらされる。その評価はときに「才能」という言葉に言いかえられたりする。

しかし、その才能をはかる基準は、必ずしも絶対的なものではない。世間にまったく評価されず、後世になって高い評価を受けた芸術家は数多くいる。時代が変われば、評価も変わる。あるいは同時代でも、人によって評価がまるきり違うこともある。

つまり、才能の評価は歴史にゆだねることもあれば、同時代のいわば多数決によって決まることもあるのだ。才能評価が本来的に持つあやふやさがそこにある。

むしろ精度が高いのは、自分自身による自分の評価である。自分自身が「こうありたい」と願う才能こそが、自分にとってはゆるぎない確かな才能なのだ。

それを、自己満足と言う人もいる。しかし、それでいいではないか。自分を信じているのであれば、才能の評価は自己満足で大いにけっこうだと思う。他人の評価に自分をゆだね、自己否定してしまうよりは、ずっとましだ。

第1章
自信を失っているあなたへ

◎人は自分の才能のある方向にしか進まない

自分の能力をどこまで発揮できるかは、本人の才能次第。だから、才能が発揮できるかどうかは、本人の考え方も大きく影響する。

自分が決める才能のレベルこそが、自分の才能そのものなのだ。

この観点を踏まえて、もう一つ、つけ加えておきたいことがある。

いまいるあなたの現在地は、あなたの才能が発揮されたその延長線上にあるということだ。自分の努力の成果を実感できている人は、それは十分に納得できるだろう。

しかし、成果を実感できず、自信喪失している人であっても、いまのあなたの現在地は、あなた自身がめざす才能に向かっていることは間違いない。少なからず才能が発揮されてきたからこそ、いまのあなたがあるのだ。

これは生き物の生存法則といっていい。人は多少ぶれながらも、必ず才能のある道程をたどる。

後悔の価値

――悔いへの振り返りが持つ重み。再生の起爆剤にもなり得る。

「後悔、先に立たず」という言葉がある。
しかし、その経験を生かすことができれば、後悔は大きな意味を持つ。
過去は取り戻せなくても、悔いは、未来をつくるバネになるからだ。
過去を悔やんで弱気になるのではない。
強く未来を生き抜いていくために、過去を悔やむのだ。
後悔はけっして悪いことではない。
自分の弱さを見つめる人間に与えられた、再生へのジャンピングボードだ。

第1章
自信を失っているあなたへ

悔いのタネを拾い集めて、一日一日を丁寧に生きる

私にもいくつかの後悔がある。そのひとつを話したい。もう一〇年以上も前、日本で小児外科に携わっていた頃の話だ。

裕福な医者の家庭に、初めての子どもが生まれた。しかし、子どもはダウン症だった。そして、鎖肛《さこう》という、生まれつき肛門がない病気で腸閉鎖になっていた。ダウン症はどうしようもないが、鎖肛は治せる。いや治療しなければ、死んでしまう。

母親は、どんな子どもが生まれたのか知らされていなかった。子どもは生まれてすぐ集中治療室に運ばれたが、家族は「死産」ということにしたかったのかもしれない。子の父親と父方の家族が、自分たちの家系にダウン症の子どもが生まれた事実を受け入れようとしなかったのだ。

子どもの命を救うためにはすぐに人工肛門をつくらないといけないが、家族の許可が出ない。何度も話し合いをしたが、家族たちは首を縦に振らなかった。日に日に、子どもの容体は悪くなる。お腹がパンパンに腫れ上がり、もう限界にきていた。

事態が動いた。しかも、悪いほうに。父方のいとこで病院経営をしている医者がい

て、子どもはそこへ引き取られていったのだ。治療なら、この病院でできるはずなのに……。

その後どうなったかは、わからない。しかし、状況からして、子どもはおそらく亡くなったかもしれない。だとしたら、子どもの小さな命が、闇に葬られたことになる。

私はあのとき、自分の子どもとしてその子を引き取りたいとまで思っていた。許されるのならそうしてあげたかった。しかし、自分が担当医でなかったことや、その場の状況の流れの中で、それを切り出すことはできなかった。

この記憶は、胃袋に重い鉛を押し込んだような悔いとして残り続けている。勇気がなかった自分が悔しい。いまなら堂々と言えると思うが、過去は取り戻せない。

だが、あのときの悔やまれる思いは、医師としての私のその後の人生の礎《いしずえ》にもなっている。ダウン症のその子の代わりに、より多くの子どもたちの命を救い、悲惨な暮らしをしている子どもたちの面倒を見たいと思っている。

過去の出来事への後悔が、私のいまと未来の活動の原動力になっている。

◎自分の方向性が間違いないと思えたときに、人は大きな自信をもつ

人は生きていく過程で、やり残したことが積み上がっていく。その一つひとつが、後悔のタネになる。しかし、そのタネを拾っていくことは、けっして無駄な作業ではない。

後悔を未来につなげれば、拾う後悔のタネも次第に少なくなってくる。そして、一日一日を丁寧に生きようとする。

「一日一生」という言葉がある。

その日一日を一生と考え、丁寧に生きようという考え方だ。

大きなことでなくても、日々の小さな判断や行動を大事にしていく。それが大きな出来事に直面したときのトレーニングにもなる。

もし、この掃除が自分のためにできる最後の掃除だったら？

もし、この会話が友人と最後にできる会話だったとしたら？

もし、この食事が家族とできる最後の晩餐《ばんさん》だとしたら？

そう考えれば、誰もが、一つひとつの所作や行動、会話、そして時間をかけがえのないものとして大事にしていくに違いない。

一年先や一〇年先の成果に意味があるのではない。日一日と積み重ねていくプロセスに大きな意味があるのだ。

何かを達成できたことが、人生の成功なのではない。

途中で失敗し、後悔をしながらも、その歩みがめざす方向に向かっていることが、すでに「成功の歩み」なのだ。

人生の真実は、その方向感覚の中にこそある。

自分が選んだ方向性に間違いないと思えたときに、人は大きな自信を持つ。

生き方の精度

——生き方において、考え方や行動のバラつきを示す尺度。

お金や社会的評価への欲望が強すぎると、生き方の精度が粗くなる。
何のために生きているのか、真の目的を見失ってしまうからだ。
自信を失い弱音を吐くのも、コンプレックスを持つのも、欲望の裏返し。
欲を満たせない自分を嘆いているにすぎないからだ。
欲に振り回される人生なんてつまらない。
欲望はけっして消し去ることはできないが、コントロールはできる。
生き方の精度を上げたければ、欲望を支配下に置くことだ。

欲望を小さくする鍛錬を積めば、ちっぽけな自分に気づく

一点の間違いもなく正しく生きることなどできない。ブレもするし、弱音も吐くし、後悔もする。しかし、生き方の精度を上げることはできる。

失敗をしながらも、できるだけ自分が思い描く理想に近い選択や決断をすることが「精度の高い生き方」である。その生き方の精度を高めるために欠かせないのが、欲望のコントロールだ。

欲望とひとくちに言っても、食欲や性欲、睡眠欲といった本能的欲求もあれば、物欲や金銭欲、名誉・地位への執着、あるいは出世欲や権勢欲といった社会的欲望もある。気を緩めても、あまり暴走の心配がないのは睡眠欲くらいで、他の欲求・欲望はオーバー・コントロールになってしまうと、さまざまな問題を引き起こす。

ことに、社会的欲望のほうは、その欲望が満たされる環境下に長く身を置いていると、自分が「心の欲求」として本来持っていた生き方の方向感覚をブレさせる要因となる。

私が医者として駆け出しの頃、医局とはまったく関係のない市中病院で経験を積ん

だのは、技術の習得という側面もあったが、自分の中に余計な欲が生まれるのを避けたいという思いもあった。

かといって、欲望を完全に遮断して生きようとしても、それは人間には無理な話。問題は、欲望を抑え込むコントロール力をどう身につけるかだ。

◎自分の内面と向き合うために「外」にも目を向ける

基本的な考え方としては、欲望を小さくしていく修練を欠かさないこと。物欲や金銭欲などのわかりやすいものであれば、まず、これまでの半分の生活感覚を体現してみることだ。それができたら、さらに半分。そして、もう半分にすれば、当初の欲望はほとんどコントロールできる。

欲望は、一度抑え込んでも、少し油断するとすぐ肥大化する。それを防ぐには、小さくても心と体が順応できるようになるまで、何度も抑制体験を積み重ねなければならない。

ある程度まで抑え込むことができれば、欲望は非常にコントロールしやすくなる。

私は自分の内部感覚を研ぎ澄ませるために、ときどき一〜二週間の断食をすることがあるが、断食に入ると当然、代謝は徐々に低下し、食欲もわかなくなる。

食欲という本能的欲求も、鍛錬によって支配下に置くことができるようになるのだ。

物欲や金銭欲などを手っ取り早く小さくするには、この経済的に豊かな日本を飛び出して、開発途上国に行ってみるのもひとつの方法だ。

たとえば、私がいま医療活動をしているミャンマーやカンボジアに行けば、自分がこれまでいかに欲の塊のような生活をしていたかを痛感するはずだ。経済的には貧しくても、そこに豊かな生活があることにも気づくに違いない。

その一方で、貧しさゆえに病気や体の奇形も治せない子どもたちの姿を見れば、自分が取るに足りないちっぽけなことで悩んでいたことに思いが至るはずだ。

自分の内面と向き合うには、「外」に目を向けることも大切なのだ。

自己相対化

——ちっぽけな存在だけど、大きな存在である自分を知る作業。

あなたは、ちっぽけな存在かもしれない。
でも、自分がちっぽけな存在であることを知るのは、必ずしも悪いことではない。
自分を相対化して見る目線がそこにある。
そのまなざしは、もう一人の自分のまなざしであり、
宇宙からのまなざしでもある。
宇宙に、あなたというちっぽけな存在がいる。
そのちっぽけな存在が、宇宙のまなざしを持つことができるのだ。

天からのまなざしを持っていれば心強い

浪人生だった頃、成績がいっこうに浮上せず、精神的にかなり追い詰められた時期がある。あるとき、何となく見た雑誌の記事にハッとさせられた。そこには昔の中国の若き禅僧の話が書いてあった。

日々修行に励むが、なかなか悟りを得ることができない。苦しむ若き禅僧を見かねた高僧が、こんなふうに言う。

「お前が悟ろうが悟るまいが、世の中の人の苦しみは変わりはしない。自分のことで悩む暇があれば、町に出て苦しむ人々に手を差し伸べなさい」

そう言われて、若き禅僧は自分の至らなさに気づくのだが、私もまさにその心境だった。自分が、自分が、と狭い世界の中でドツボにはまり、おろおろしている自分がいた。悩む自分の中におぼれ、何をすべきかも見えていなかったのだ。

自分を、もうひとりの自分の目で見る自己相対化。

これができるかどうかで、壁にぶつかったときの明暗が分かれる。

壁を乗り越えて自己肯定感を得て前に進むか、壁の前でただうなだれ、自己嫌悪にまみれて生きていくか。大きな違いが生まれる。

◎自立的な生き方に必要な視点

自己相対化には、東洋的な視点がある。たとえば、自分の存在を考えるときに、大宇宙の中の、ちっぽけな星の一つにすぎないととらえる。そのちっぽけな存在が消えても悠久の時は流れ、他の星はキラキラと輝き続ける。それをわかっていながら、いま輝き続けているのが自分という星である。いわゆる無常観に近い。

それに対して、西洋的な自分のとらえ方は、「私が宇宙の中心」である。象徴的なのがデカルトの「われ思う、ゆえにわれ在り」という言葉だ。だから、宇宙は「私」がいてこそ存在する。「私」という星が消えてしまえば、宇宙の存在は無意味である。

私には、自分を相対化して見る東洋的な発想のほうが、自立的な生き方をしていくうえでは、より大切な気がする。

欲を捨て、人の評価にも拠《よ》らず、自分の輝きを天からのまなざしで見つめ続ける。そんなまなざしを自分が持てていると確信できれば、なんとも心強いではないか。

第2章

孤独を感じている
あなたへ

能動的な孤独

——自分を見つめるために、あえて孤立無援の環境に身を置くこと。

孤独には、いくつもの側面がある。
一人ぼっちを嘆いているだけなら、
誰かに慰めてほしいだけの他者依存。
まわりから浮いてしまう孤独感は、
たんなるつき合いベタ。
世の中と自分が合わないと言うのは、別名、世間知らず。
何でもかんでも「孤独」と言ってしまっていいのだろうか。

第2章
孤独を感じているあなたへ

「受け身の孤独」は、本当の自分を見つけることができない

浪人生をしている頃、何かの書類の職業欄に「無職」と書いたのを覚えている。学生でもないし、社会人でもない。宙ぶらりんの自分をそんなふうにしか書けないことに、居心地の悪さを感じたものだ。

まして二浪ともなると、現役合格組や一浪して進学していく友人の背中を否が応でも見送ることになる。心を覆っていたのは、孤独感というより孤立感。〝取り残され感〟と言ってもいいかもしれない。

ただそれは、浪人生なら多かれ少なかれ誰しも味わう感覚で、大学に入ってしまえばケロッと忘れてしまう。現役生に比べて二年遅れだとしても、引け目意識を持つようなことではない。

大学を卒業する頃にはすでに海外医療に身を投じると決めていたので、医局に残って、敷かれたレールに乗らざるを得ない学友に比べたら、自分には可能性に満ちた道が開けていると、優越感すら覚えていた。

その後、研修医生活を経て、ミャンマーのメッティーラで一人で医療活動を始めた

ときも、孤独感はなかった。孤軍奮闘で、毎日がまさに戦場のようだったが、やりがいに満ちていた。

何よりも、治療や手術を終えたあとの患者やその家族の笑顔が私を支えていた。

◎真の孤独感は、自分でつくるものである

一人ポツンといるような孤立感を抱く環境にあっても、人は自分を支えるものがあれば孤独は感じない。私の最初のミャンマーでの医療活動でいえば、患者やその家族との「つながり」があった。誰かとのつながりを感じていれば、孤独感はやわらいでいく。

そしてもうひとつ、私を支えていたのは、未来への意思である。経済的にも医療的にも恵まれない地域の人たちのために貢献していく。この意思が、まわりからは孤独に見える環境でも、それを感じずにすむ後ろ盾になっていた。

孤独を感じなくてすむならそれに越したことはないのかと言えば、けっしてそうではない。特に若いうちは、自分の孤独と向き合うことは、成長していくための鍛錬と

して欠かせないものだと思う。

ただし、注意が必要なのは「受け身の孤独」では、意味がないことだ。

受け身の孤独とは、「孤独にされてしまった感」を背負う孤独である。孤独の原因を他者や世間のせいにする。だから、恨み、妬《ねた》みもつのる。

孤独は悪いことと思い込んでもいる。しかし、その悪いという基準をつくったのは自分ではない。世間で悪いとされていると鵜呑《うの》みにしているだけ。つまり、よそからの〝借りもの基準〟に自分を当てはめて、孤独をかこっているのだ。

それでは、本当の自分を見つめることはできない。

真の孤独感は、自分でつくるものだ。

自らあえて孤立無援の環境に身を置く「能動的な孤独」こそ、自分を見つめ直す場になる。一人山に籠《こも》って修行を積む修験者《しゅげんじゃ》のごとく、である。

何も山に入るまでもない。心の欲求に従って、誰にも頼らず、一人で行動を起こそうとすれば、「能動的な孤独」が待ち受けている。

一人ぼっちが寂しいだけの、エセ孤独感に身をやつしてはならない。

決断までの負荷

——やりたいことを行動に移すまでの、体にため込むエネルギー。

志を持つと、孤立感を深めるときがある。
斬新なアイデアは、保守的な組織では「非常識」の烙印《らくいん》が押される。
そんなとき、孤独は自身を強くするトレーニングとなる。
安易に常識に流されず、自分の非常識を貫いてみる。
とことんやってダメなら、やがて決断の時がくるかもしれない。
そこからは、覚悟の問題。いや、本能の問題ともいえる。
人間は、真に欲しいものを簡単に諦められないのだから。

第2章
孤独を感じているあなたへ

二、三年ととことん仕事に打ち込んだ人は「決断」の資格がある

組織にいれば、少なからず軋轢《あつれき》は起きる。特に、志を持ちながら仕事に打ち込んでいる人は、軋轢や摩擦は絶えない。仕事をろくにしない人のまわりにも起きることはあるが、それも一方に志のある人がいるからだ。

私は一般サラリーマンのような経験はないが、勤務医として病院の組織で働いた経験はある。そしていま、「ジャパンハート」という組織を動かしている。

その経験から言うと、同じ業務にとことん打ち込めば、多くの場合、二、三年で仕事の本質的なことが見えてくる。担当する業務が、自分が志すキャリアパスの方向性に合うものかどうかもわかってくる。自分の今後を考える第一ステップだ。

仕事が面白くて、もっともっとこの道を極めたいと思うなら、何の問題もない。しかし、自分の考える方向性とズレを感じるようなら、別のステージをめざすことに、何ら躊躇《ちゅうちょ》することはない。

それなりの規模の会社なら、他のセクションを希望するのもいいだろう。会社自体に限界を感じるようなら、転職もありだと思う。わずか二、三年で転職を軽々に決断

していいのか、と考える人もいるかもしれない。しかし、若いうちはどんどん自分の可能性にトライすべき、というのが私の考え方だ。

むしろ、半年でも一年でも、方向感覚のズレた仕事に就いているほうが、マイナスは大きい。もっと大きな可能性の芽を潰しかねないからだ。

ただし、忘れてならないのは、「二、三年での決断」が許されるのは、その間、我を忘れるほどとことん仕事に打ち込んでいる場合だ。中途半端な気持ちでの転職志向や、職場の人間関係、金銭的な欲求などからくる〝現状逃避〟では、キャリアメイクの精度は確実に落ちる。

要は、たとえ二年でも三年でも、自分にしっかり負荷をかけ続けたかどうかだ。

負荷のない生き方に、のびしろはない。〝人生の筋力〟は負荷をかけてこそ鍛えられる。

自分のやりたいこと、好きなことに突き進む本能は、孤立や孤独にも耐える負荷を自分に与え続けてきた人間にこそふさわしいものだ。

断ち切る覚悟

——新たな出発を阻《はば》む人間関係のしがらみを蹴散らす勇気。

孤独は、断ち切れない自分の姿でもある。
まとわりつくのは、未練か、しがらみか、過去の成功体験か。
そんな〝鎖〟をつけたのは、
実は、あなた自身ではないのか。
潔く断ち切れる人間に、孤独感はほとんどない。
新しい出会いを呼び込みたければ、別れを惜しんではいけない。

選択した道に応じた出会いと別れがある

近藤亨《とおる》さんという農学者をご存じだろうか。

新潟大学の助教授、新潟園芸試験場の研究員を経て、五〇代半ばに、JICA（国際協力機構）から、植樹栽培の専門家としてネパールに派遣された。JICAを辞めたあとも、病院や小学校を建設するなどネパールでさまざまな貢献活動を行った。

七〇歳のときには、ネパールの辺境の地、ムスタンに単身乗り込み、稲作栽培に挑戦した。「貧しい人たちに、白い米を腹いっぱい食べさせたい」という思いからだ。

ムスタンの冬はマイナス四〇度。しかも、雨がほとんど降らず、水はヒマラヤの雪解け水に頼るしかない。そんな過酷な土地での稲作。誰もが無謀だと思った。

しかし、稲作に挑戦して四年目。ついに奇跡が起きた。標高二七五〇メートル。世界最高地で稲穂がたわわに実ったのだ。

実は近藤さんは、七〇歳で単身ムスタンに向かうときに、反対する家族を説き伏せて、家屋敷や先祖伝来の杉林を売り払って自己資金を捻出した。

近藤さんを紹介したある番組で、こんなふうに言っていたのを覚えている。

「家族ですか。捨てました」

九〇歳を過ぎてなお、ムスタンで元気に暮らしていると聞いているが、それにしても、すごい人だと思った。七〇歳にしての決断。しかも、反対する家族や自らの退路も断ち切って、異国の地に身を投じたのだ。

◎別れは新たな出会いの始まりでもある

「家族を捨てる」という言い方は、さすがにいまの時代感覚とは合わないかもしれない。しかし、それを「家族を犠牲にする」と置きかえて考えてみたらどうなるだろう。

私の場合、幸い小児科医の妻は「ジャパンハート」の活動を始めた当初から、行動をともにしてくれた。ミャンマーに行ったこともある二人の子どもも、私の海外医療活動を理解してくれている。しかし、妻が医療とはまったく関係のない仕事に就いていたり、専業主婦だったりしたら、私は家族をどこまで犠牲にできるか。

あらためて考えてみた。そして、たどりついた結論はこうだ。

いろいろあるにはしても、それでも、私は自分の志は曲げないだろう。

人は、出会いと別れをくり返す。自分の意図とは関係なく、出会いと別れを重ねながら生きていく。そのようにシナリオがつくられているのが人生だ。

自分がこのような道を歩みたいと決断した時点で、その道に合わせた出会いと別れが用意されている。

自分の人生の選択に応じて、出会いと別れは自然に決まってくる。私は、そう思っている。

ジャパンハートにも、多くの若者が、海外医療活動に貢献したいとやって来る。私やスタッフにとっては、新たな出会いの時だ。そんな若者の中には、しばらくして、「自分の思い描いていたイメージと違ったから」と去っていく人もいる。

そんなときは、私は無理に引き留めようとはしない。去る者は追わず、である。ジャパンハートという組織も、少しずつ成長している。その成長に応じて、新たな出会いと別れが生まれるのは自然の流れだと思う。

人の人生も同じではないか。成長に合わせて、出会いと別れをくり返す。別れにおびえることはない。

つねに、断ち切る覚悟を持つ。それが新たな出会いの始まりでもあると信じて。

精神的支柱

——孤立無援の状態になっても自分を支える頼もしい存在。「信念」ともいう。

志を立てたときから、孤立無援の戦いが始まるかもしれない。
しかし、ひるむことはない。怖気《おじけ》づく必要もない。
たとえ一人ぼっちでも、あなたには強力な武器がある。
「信念」という、頼もしい心の鎧《よろい》だ。
非協力も、嘲笑も非難・中傷も、この鎧を突き破ることはできない。
仲間や理解者をかき集めることだけが戦術ではない。
一番の強力な助っ人は、あなたの心の中にいるのだから。

孤立無援でも戦える「心の武器」を持とう

初めてミャンマーで医療活動をしたときは、孤独感はなくても、茫漠《ぼうばく》とした孤立感があったのは確かだ。ミャンマーで、私のような医療活動をしている日本人は一人もいなかった。他の開発途上国を見渡しても、おそらくいなかったかもしれない。

現地で、保健・衛生教育や感染症予防活動などを展開する国際NGOのメンバーがいたが、前述のように彼らの活動には違和感を覚えていた。効率を優先する活動のあり方には、「上から目線」が感じられた。

私が違和感を覚えるだけでなく、彼らからは直接、批判もされた。

「あなたのやり方は遅れている。一人ひとりコツコツ治療したところで、どうせ、あなたは日本へ帰るんでしょ。現地の人を喜ばせるだけ喜ばせておいて、じゃあ、その後はどうするんですか」

国際NGOのメンバーは、私の医療活動の〝後進性〟をあげつらった。サステナビリティ（持続性）がないというわけだ。

彼らのやっている保健・予防活動も大事なことには違いない。しかし、それだけじゃないだろうと私は反論した。彼らは、重要な事実から目をそむけていた。

いま目の前に、病気で困っている人がいる。このまま放っておけば、命を落とすかもしれない重篤《じゅうとく》な患者もいる。顔や体の奇形で、ひっそりと隠れるような暮らしを余儀なくされている人もいる。

そんな人たちを救うことに、意味がないというのか。たとえ二年で撤収するにしても、すでに二〇〇〇人の人たちが私の治療を受けて、喜んでくれている。この事実をどう受け止めるのか。

議論はいつも平行線だった。しかし、もう一つまぎれもない事実として残ったのは、彼らのプロジェクトがことごとくうまくいかなかったことだ。私を批判していた連中も、自ら指揮したプロジェクトの成果を確認しに現地に姿を見せることはなかった。

◎日本人としてのアイデンティティが、力強い支えにもなる

その後の経緯を見れば、どちらが正しかったかは火を見るより明らかだが、非難や批判にさらされていた当時は、孤立感の中で歯をくいしばっていた。なにせ、こちらは孤軍奮闘の状態である。

しかし、私を支えている精神的な支柱があった。

ひとことで言えば、自分が日本人だということだ。

目の前に困っている人がいれば、どんな人にも手を差し伸べる。たとえ一度の診療や治療でも、その瞬間瞬間に、全身全霊を込めて一人ひとりと向き合う。この姿勢は、大切な出会いを尊ぶ日本人の精神文化「一期一会」そのものだと私は思っていた。

私の体には、その日本人の血が流れている。日本の文化と歴史を受け継いでいる自分がここにいる。そんな自負が、ともすれば孤立感にさいなまれる私を支えていた。

自分の中の「日本人」を再確認し、それを精神的な支柱にできたのは、やはりミャンマーという異国の地にいたからだ。外国にいたから相対化して「自分」を見つめることができた。

自分のアイデンティティや、こうと決めた信念は、孤立無援の戦いの中では力強い心の支えになる。誰もが持てる、心の武器なのだ。

孤高と自由

――群れることを拒んで志を守る気高さと、空をも飛べるような心の状態。

われは孤独である。
われは自由である。
われはわれ自らの王である。
――こう言ったのは、十八世紀ドイツの哲学者、カントだ。
自分を信じ切ることができれば、「孤高の人」になる。
悠然と空を飛ぶ鷹のごとく、
自由を手にした「信念の人」になる。

孤立や孤独の先に、かけがえのない自由がある

国際NGOとの確執を経て、私は自分の海外医療活動に対する確信を深めた。

いま目の前にいる患者一人ひとりに全力を尽くして向き合う。確かなのは、自分の目と頭による判断である。それこそが、私を導く「心の声」に他ならない。それは、ゆるぎない信念になった。

その信念によって、私が何を手にしたかと言えば、自由だ。

他人の意見に惑わされず、自分の歩む道は自分で取捨選択する。相手がどんなに権威ある組織に属していても、その考え方がいまの世界の常識だと言われても、媚《こ》びることも、おもねることもしない。

孤高というと、すこし気取りすぎかもしれない。一人だけの力では、自分が目指す医療活動をしていくことができないことも、十分にわかっている。

そうではあるけれど、たとえ一人でも戦っていく覚悟ができていた。

第2章
孤独を感じているあなたへ

◎自分を信じ切れる人間は強い

自分の人生は、自分の意思で決定する。他人の考え方や常識に左右されるなんて、自分の人生を乗っ取られるようなものだ。それを拒否しようとすれば、孤立感を深めたり、ときには孤独感にさいなまれることもある。

しかし、それらは自由な世界に確実につながるトンネルだ。孤独は、自由を約束する。人によってトンネルの通過時間は違っても、必ず向こうに明るい光が見えてくるはずだ。

若い頃は、その光が見えるまで悶々とすることもある。だが、信じていて間違いない。目の前の道を選んだのが自分なら、まずはその方向を信じることだ。

思い出す情景がある。研修医をしていた頃の話だ。

毎日忙しく動き回っていた。けっして出来のいい研修医ではなかったが、通常の勤務と当直を合わせれば、限界に近いほど拘束時間は長かった。

病院からの帰る夜道、肌寒くて、ふっと息を吐いたら、星がまたたいていた。

ふとわが身を振り返る。自分の選んだ道を信じているか。人と比べたりしていないか。誰かをうらやんでいる自分がいないか……。

自ら反《かえり》みてなおくんば、千万人といえども、われ往《ゆ》かん。

孤立や孤独にさいなまれたとき、私はこの言葉を何度も心の中でくり返した。

自分を顧みて正しいと信じれば、相手が千万人いたとしても、わが道を行く。

孟子の言葉だ。

まわりが自分を理解してくれなくても、自分を信じ切れる人間は強くなれる。

創造力と孤独

——創造性と、それを磨く魂。

レオナルド・ダ・ヴィンチもベートーヴェンもゴッホも、
偉大な芸術家はみな、孤独だった。
感性を極限にまで研ぎ澄ませるには、孤独にならざるを得ないからだ。
芸術家だけではない。創造性を追求する作業はつねに、
孤独な時間と空間の中で営まれる。
あなたの中にも「創造力の魂」は眠る。
独創的な力によって描かれるのが、人生だからだ。

「暗闇の時間」が、他にはないクリエイティビティを生み出す

先に紹介した『TAROの塔』には、もう一つ印象的な場面があった。

若き岡本太郎は自らの才能に絶望するが、ピカソの作品に触発され、彼を超える芸術家になろうと決意する。決意はするが、なかなか思い通りの絵は描けない。

あるとき、そんな太郎の作品を、パリで親交のあった思想家のジョルジュ・バタイユが見て、こう言う。

「まるでゴッホのようだ」

好意的な評価なのだが、しかし太郎は納得しない。そして、こう言い放つのだ。

「ゴッホの孤独が夜なら、僕はまだ昼だ」

孤独の深淵にまで自分を追い詰めて、独自の世界を極めようとした岡本太郎の覚悟を象徴する言葉だ。

私たちは岡本太郎のような芸術家ではないが、自分のセンスや独自性を大事にしたいという欲求は少なからずある。自分らしい特性や、自分の能力でつくり上げたもの

第2章
孤独を感じているあなたへ

は、自分がいまここにいることの証明、すなわち「個性」になる。

仕事でも、他にはないオリジナリティや独創性を求められることはよくある。独自の技術や、それによってつくり上げた製品は市場価値を持つ。多くの人を魅了し、ときに社会を変えていく力を持つ。

◎自分を追い込むほどに、常識を超えた発想が生まれる

医療の世界でもクリエイティビティは求められる。それを、手術などの技術的な分野に求める人もいれば、患者との信頼関係の構築などで見出そうとする人もいる。

私の場合は、医療の領域を超えて、自分のクリエイティビティを追求してきた。

ミャンマーのヤンゴンにある養護施設「ドリームトレイン」では、エイズで親を失った子や虐待を受けていた子を受け入れている。いまなお存在する人身売買のリスクから子どもたちを守るとともに、十分な食料・教育環境を整え、さらには職業訓練もして〝負の連鎖〟を断ち切る活動を展開している。

「すまいる・スマイルプロジェクト」は、国内の小児がんの子どもたちとその家族のために、楽しい思い出をつくってもらうためのプロジェクトだ。ジャパンハートの医

療スタッフが付き添い、東京ディズニーランドなどへの旅行に招待する。

がんと闘う子どもたちに、気力を持ってもらいたいという目的が一つ。そして、万が一、病に打ち勝てなかったとしても、親子のかけがえのない時間を記憶として残してあげたい。そんな思いが込められている。

これらの事業がなぜクリエイティブかと言えば、これまでの医療支援活動にはないものを、という発想から生まれているからだ。

たとえば、「すまいる・スマイルプロジェクト」にしても、医療は病気やケガを治すことという考え方からすれば、その常識的な発想を超えたものだ。

私は、医療は治療や手術をすることだけでなく、「人生の質」をつくることだと思っている。

その質の中には、家族とのかけがえのない時間、思い出の共有も含まれる。だから、悪性腫瘍で顔が奇形するほどになり、余命いくばくもないとわかっていても、その奇形を取り除く手術をすることもある。

これまで見せられなかった笑顔で、家族と一緒に写真の一枚でも撮れたら、本人も家族も、どんなに幸せなひとときをすごせるだろうと考えるからだ。

オレは他とは違う。私は何者か。自分はいったい何をしたいのか……。そんなふうに、自分を追い詰めていくと、あるいはそんな環境に身を置くようになると、常識を超えた発想が生まれてくる。潤沢な資金などなくてもできる、オリジナリティのある仕事ができるものだ。

孤立や孤独からは、あえて脱け出そうとしなくてもいい。むしろ、その状況、その環境を大事にしたほうがいい。

豊かな創造性を発揮するためにはなくてはならない、ありがたいアトリエ空間のようなものだからだ。

その空間と時間の中で、自分にしかつくり出せない世界や個性が磨かれていく。

利他的本能

——人のために尽くしたくなる根源的な欲求。

人は、社会との関わりがなくては、
生きていくことはできない。
だから、人とのつながりは意識せざるを得ない。
だから、人と関わる行動を起こしたくなる。
人恋しいからではない。寂しいからでもない。
人間は、自分のアイデンティティを求めて彷徨《さまよ》う動物だからだ。

第2章
孤独を感じているあなたへ

社会との関わりを求めるのも、性欲と同じ本能

人間は社会的動物である。誰かと同じ時間と空間を過ごすときは、互いにストレスを抱え込まないように、気をつかったり折り合いをつけたりする。共通の目的を持った集団に属するときは、その集団のルールに合わせようとする。

人には、自分のアイデンティティ（存在意義）を確かめようとする社会的欲求がある。仲間であり続けたいとか、まわりに認めてもらいたい、好かれたいといった欲求である。

対人関係の気づかいや、集団のルールに合わせようとすることも、この社会的欲求を満たしたいために行う社会的行動だ。

人は、自分のアイデンティティ、つまり、なぜ生きているのかを考える。どのように生きるべきか、悩む。その学問が哲学である。

私たちは社会的欲求を満たすために、人から認められたり、好かれるように頑張る。そして認知や好意が反応として返ってくれば、「あぁ、私はここにいていいんだ」「僕

はこの人のためにいるんだ」と、自分の存在意義を確認する。

この社会的欲求をかなえるために、もし本音とは裏腹に迎合したり、お金の力を借りたり、あるいは肩書や権力で支配しようとしても、実際には満たされることはない。人間としての本質を見失ってしまうからだ。

その本質を見直すためにも、一人になって自分を振り返ることが必要なのだ。

◎利他的本能のスイッチは、さまざまな体験でオンになる

誤解を恐れずに言うと、社会的欲求は性欲と似たようなものだ。

人間には性欲のほか、食欲、睡眠欲という生理的な欲求がある。これは遺伝子に組み込まれた生存本能からくるものだ。多少は理性が関与することはできても、抑えがたい根源的な欲求である。

これらが、自分が生きていくための利己的本能だとすれば、他者と関わりながら生きようとする社会的本能もまたあるのではないかと思う。「利己的」に対比すれば、いわば「利他的本能」である。

母親が、わが子がクルマに轢《ひ》かれそうになったとき、命の危険を顧みずとっさに助

けようとする。これは利他的な本能だ。ただ、「わが子が」という前提を考えれば、自分の遺伝子を残すという利己的本能も多少入っているかもしれない。

それでは、まったく血がつながっていないのに、飢餓で苦しむ人たちのために救いの手を差し伸べる行為はどう考えるか。明らかに利己的本能ではない。

私は、それも生理的な本能に近いものではないかと思う。

遺伝学や脳科学的な根拠を持って言っているわけではない。あくまで、私の経験からくる感覚的なとらえ方だ。

私が中学生の頃、飢餓に苦しむアフリカの人たちの姿を見て、この人たちのために役立つ仕事をしたいと考えたのは、どう考えても理屈や理性ではない。感情的・情緒的にそう思ったのだ。脳に組み込まれたある回路が自動的に反応したのだ。

それがあらかじめ遺伝子に組み込まれた神経回路だとすれば、やはり本能的なものとしか言いようがない。

困っている人を救いたい、何らかの形で支援したいという利他的本能は、性欲や食欲と同じ、自然な生理的欲求だと言っていい。

性欲と同じように、願望を行動に移すエネルギーを、誰もが本来、持っているのだと思う。

ただ、現実には、利他的本能を行動に移す人と移さない人がいる。移さない人は、おそらく何らかの事情でスイッチがオフになっているのだ。

スイッチがいつオンになるかは、幼少期からの体験などによる個人差があるだろう。

ただ、一つ言えるのは、そのスイッチは、与えられた体験だけでなく、開発途上国を見聞するなど、自分の意思で選んだ体験によってもオンにできることだ。

では、その関心はどう呼び覚まされるのか?

これは、人間の精神的発達によって自然にもたらされる。社会的関心は、精神的発達のプロセスで誰もが獲得する社会性の一つだからだ。

アウトプット

――知識、経験、体力、技術、お金など、自分の中にため込んだものを吐き出すこと。

感性を研ぎ澄ませて、心の振動に耳を澄ませるといい。
少しでも心が震えたら動き出す。理性を差し挟んではいけない。
知識も経験も、お金もエネルギーも、
ため込むだけでは世界は変わらない。
いま抱えているすべてを吐き出してこそ、
自分を変えることができる。
「排泄《はいせつ》の快感」は、人間の大切な本能である。

主体的な人間は、インプットよりアウトプットを大事にする

最近、「共感」という言葉をよく耳にする。ジャパンハートの活動に関心を示す若者からも聞くことが多い。しかし、共感はあくまできっかけにすぎない。共感だけでは動いたことにならない。世の中を動かすこともできない。

大切なのは、いま、どう動くかだ。

共感する場に飛び込み、共鳴し、共振し続ける中で、自分とその「場」とのすり合わせができてくる。自分の社会的欲求が満たされるかどうかや、アイデンティティを確認するのはそこからだ。その先に、世の中を動かすチャンスも生まれる。

動きながら考える。走りながら悩む。本能にもとづく行動とはそういうものだ。

動く前にひたすら知識をため込む人がいる。知識武装しないと動けないタイプだ。英語の知識をいくら頭に詰め込んでも、使う機会がなければ一向に英会話は上達しない。これは多くの人が実感しているはずだ。

動くためには経験が必要だと考える人もいる。経験を積むまでもう少し時間がほし

いと言って、結局、動こうとしない。

ジャパンハートの活動に共感する人の中にも、よくそういうタイプがいる。いままでの人生経験をもとに、いくらでも貢献できることはあるのに。動けばその経験に厚みが増すのに。

お金をひたすらため込もうとする人もいる。日本人の貯蓄好きはよく言われることだが、ためたお金は使わなくては人生は変わらない。経済も活性化しない。もちろん、自分の生き方を見極めたり、自分を磨くために使うべきだ。ことに若いうちは、先々の不安に備えるより、自分の人生への先行投資をしたほうがいい。貯金が底をついたら、またためればいいだけの話だ。

エネルギーも同じだ。若いときの生命力は、セックスだけに使い切れるものではない。そのあり余るエネルギーを、社会的活動に回してもいいではないか。

知識も経験も、お金もエネルギーも、アウトプットしてなんぼなのだ。

◎思考する回路と、人とつながる回路を開放する

自分の経験値を高めるという意味でも、まわりへの波及効果を考えても、アウトプ

ットは重要なことだ。

そしてそれは、人間の本能を満たす行為ともいえる。

違和感を持つ人もいるかもしれないが、あえて言いたい。

アウトプットとは「排泄行為」だ。だから、気持ちがいい。

ことに、人が本気で何かにのめり込むときに行うアウトプットは、大きな爽快感と満足感がともなう。

インプットにはここまでの快感はない。人間の三大欲求を、食欲、睡眠欲、排泄欲とする考え方もあるくらいだから、やはり〈アウトプット＝排泄〉は本能的な快感がともなうものなのだ。


人は、インプットの次に、アウトプットがあると考えがちだ。理屈で考えれば確かにそうかもしれないが、行動の主体性の観点から言えば、むしろ重要なのはアウトプットのほうだ。

思い切りアウトプットするから、インプットの必要性を痛感する。

呼吸と同じである。

意識する人は少ないが、正しい呼吸法は、吸って吐くのではなく、吐いて吸うのだ。お腹をへこますようにして息をとことん吐き切ったあとは、自然に息が吸い込まれる。極限までの呼気は、最大の吸気を生み出す。しかも、最小限の努力によって。

呼吸という言葉が「呼」が先で「吸」があとになっているのは、けっして意味のないことではない。

かつて普通にまわりの人間とつき合っていたあなたが、いま孤独感を深めているとしたら、それはインプットの時期といえるかもしれない。自分の内面を観るインプットの時期を終えたら、いよいよアウトプットの出番だ。出し惜しみをしてはいけない。思考回路も、人とつながる回路もすべて開放してみる。エネルギーを排泄する快感を味わえるに違いない。

第3章

本気になり切れない
あなたへ

開き直り

――腹を決めて事の成り行きを見る状態。前向きと後ろ向きのケースがある。

人事を尽くして天命を待つのが、前向きの開き直り。
やるべきこともやらずに白旗を掲げるのが、後ろ向きの開き直りだ。
本気になれないのは、やりたいことが見つからないからではない。
何もやっていないだけ、何も考えていないだけの話だ。
何もない心にできる「空虚な穴」には、他人の価値観が忍び込む。
そんな人生でいいのか。
他人にコントロールされる人生でいいのか。

第3章
本気になり切れないあなたへ

どんなにゆっくりでも、歩みを止めなければ「本気」は続く

人間は、そんなに強くはない。だから、ときには弱気にもなるし、心が折れそうにもなる。しかし、「私にはこれ以上無理」「オレにはそんなことできない」と開き直るのは、成長の芽を自分でへし折っているようなものだ。

限界ぎりぎりまで力を尽くしてそう言うなら、まだわかる。しかし、全力を尽くさない人間に、その限界点などわかるはずがない。自己診断で自分の限界を決めて、思いつく限りの「できない理由」をかき集める。

それでは、人生の勝負にならない。口では「本気」と言っていても、初めから白旗を掲げているようなものだ。

人間は弱いから、そんな甘えは肥大化する。

だが、自分の弱さを知りつつ、鍛え上げていくこともできる。自分の限界を見極め、困難にチャレンジしていくことができる。一つ困難を克服すれば、自分の限界点はまだ上にあるとわかる。そうやって、挑戦し続ける。

人生とは、そのくり返しではないのか。

登山家は、一つの山を制覇すれば、次の山に心が向く。ある登頂ルートで成功したら、今度はさらに難関の登頂ルートを選ぶ。酸素ボンベを背負って登ったあとは、次は無酸素で登頂をめざそうとする。

冒険家の植村直己さんは、五大陸最高峰の登頂に世界で初めて成功したあとも、北極点までの犬ぞり単独行など次から次に困難に挑戦し続けた。そして、最後はマッキンリー世界初の冬期単独登頂に成功。その直後に、消息を絶った。四十三歳だった。

限界への挑戦を極めた人生だったのか。いや、植村さんはけっして満足していなかったはずだ。限界などという言葉は、彼の頭になかったに違いない。だからこそ、死んでしまった。冒険家としての道半ばで。

◎限界は自分で決めるものではない

もう一つ、ある人物のエピソード。

かつて、木村雅彦という、すごい柔道家がいた。戦前から戦後にかけて圧倒的な強さを誇り、「柔道の鬼」といわれた。

第3章
本気になり切れないあなたへ

「柔道に命を懸けている」と自任していた木村は、はたしてその思いは本物かと、自分の本気度を確かめたいと考えた。そして、日本一を決める大会の前夜、「明日、優勝できなかったら、死ぬ覚悟だ」と短刀を用意して正座した。

短刀の切っ先を腹に刺し、木村は自分に問うた。

死ぬ覚悟、ありや。

このまま手を横に引けば、死ぬことができる。自分は死ねる。そう思い定めて、死を賭して闘う覚悟を決めたのだという。

私たちは、死と背中合わせの冒険家でもなければ、鬼気迫るほど自分と対峙《たいじ》し続けた柔道の鬼でもない。しかし、長い人生の中では、自分の選んだ道への本気度が問われる場面が何度かやってくる。

肉体的・精神的に追い込まれて、逃げ出したいような思いになったとき。何をやってもうまくいかないとき。自分が、まわりから一周も二周も遅れているのを感じたとき……。その苦しさに耐えかねて、「ここが限界か」と漏らしたくもなる。

しかし、これだけは忘れないでほしい。

限界は、簡単にわかるものではない。

まして、「自分はこれでいいんだ」などと開き直ってしまうのは、将来起きるかもしれないあらゆる可能性を、すべて消し去ってしまうことになる。

自分の本気を知るためには、まずメンタルブロックを取りはずすことが第一歩だ。思い込みに惑わされず、見定めたルートが間違っていないと信じ、どんなにゆっくりでも歩みを止めずに進む限り、いつか「本気」になっている自分に気づくだろう。

人生の価値

——形や数字ではけっして表せない、自分の生きた証《あかし》。生きる意味。

たとえ一万人の命を救っても、その数に「価値」があるわけではない。
数字で表せるものに本質的な価値を置くと、
他人の価値に汚染されてしまう。
唯一、例外で意味のある数字があるとすれば、「一」だ。
一つのことに我を忘れて没入する。目の前の一人と真剣に向き合う。
たった一つの人生に全力投球する……。
「一」とはすなわち——、
あなたのことであり、あなたの価値のことであり、あなたの人生のことだ。

「一」に込められた意味とは？

お金儲けなど数値化できるものに、人生の価値そのものはない。私はそう考えて、行動してきた。これまでミャンマーやカンボジアなどで一万人以上の子どもたちの手術を行ってきたが、その「一万」という数字に大きな意味があるわけではない。

子どもやその父母の笑顔とか、数値化できず形にもならないものにこそ、私の人生の価値はある。人生の価値を、有限の数字や物に置き換えてしまったら、無限の可能性のある人生を限定してしまう。人生の質が劣化する。質は数字では表せないし、形にもならないものだから。

数値に意味があるものがあるとすれば「一」だ。

たとえば、一〇〇人の患者がいたとしても、向き合うのはいつも一人の患者である。一人の患者をおろそかにして、次はあり得ない。「一」を大切にせずして、「一〇」も「一〇〇」もあり得ない。どのように一人の患者と向き合うか。一人の患者にどれだけ力を注ぐか。一人の患者をどう助けるか。「一」がすべてなのだ。

「一」との対峙が終われば、次の「一」が待っている。一＋一＋一＋一＋一……。

第3章
本気になり切れないあなたへ

私の目の前にあるのはつねに「一」で、その足し算の和に関心はない。

◎結果ではなく、どう考え、何をしたのかが問われる

実際の医療現場では、私が一人の患者に全力を尽くしても、救えなかった命はたくさんある。

ミャンマーの厳しい医療環境では対処できないケースもあった。

ジャパンハートがワッチェ慈善病院に拠点を構えて早々に、首に大きな腫瘍のできた子がやってきた。しかし、私たちには麻酔科医はおらず、長時間の手術を血管麻酔だけで行うには、命の危険がある。手術しようにも、ここではできないからと断ってしまった。

しかし、ずっとその子のことが気になっていた。あの家族は、高い費用のかかる一般の病院には行かないだろう。放置すれば、腫瘍の塊で窒息死する可能性もあった。何とかできないか。日本に連れていって手術をすれば助かるかもしれない。

そう考えていたときに、日本のある新聞社の基金が適用範囲を広げて資金面でサポートしてもらえる可能性が出てきた。あの子を探してみよう。ワッチェ村から一五〇

キロほど離れた町に住んでいると聞いていた。ただ、初めて病院を訪ねてきたときからすでに半年。ひょっとしてもう……。そんな不安も抱えながら、スタッフとともに訪ねてみると、生きていてくれた。

腫瘍は破裂して、寝たきりの瀕死状態ではあったが、いま日本に連れていけば助かるかもしれない。さっそく日本の新聞社に連絡をとってみると、なんと基金適用の話がとん挫していたのだ。担当者が変わったことも一因らしい。

そうなれば、もう腹をくくるしかない。スタッフに「お金のことは僕が何とかするから、この子をみんなで助けよう」と私の決意を告げた。

ただし、もう一つ難関があった。軍事政権下のミャンマーでは、病気の子どもを外国に連れ出すことに許可が下りない可能性があった。自国の医療の遅れを対外的にさらすことになるからだ。しかし、事情を話すと、役人・軍人を含むすべてのミャンマー人が協力してくれた。日本側の病院の人々も受け入れ態勢を整えてくれた。

飛行機搭乗の際には、あまりの外見に航空会社から搭乗拒否されないよう、赤ちゃんのようにおくるみに包んで母親が抱っこした。飛行機に乗り込めなければ、この子は必ず死ぬ。さまざまなリスクは承知の上だった。

ビザの申請では日本大使館も協力してくれ、無事、日本に到着。受け入れ先は、私の恩師の病院。手術も無事成功した。

その子はいま、ミャンマーの地元の町で元気に学校に通っている。

あのとき、私に突きつけられたのは、医療者として一人の人間にどう向き合うのかという踏み絵だった。目の前の一人の子どもを救えなければ、その後一〇〇〇人の命を救っても、一万人の命を救ったとしても、何の意味があるのか。自分にそう言い聞かせての決断だった。

万が一、日本での手術がうまくいかなくても、それはそれで仕方ないと思っていた。結果よりも、あの子とその親のために自分がどう考え、何をしたのか。そこに医者としての自分の存在理由がかかっていると思っていた。

◎すべては「一」からのスタートだ

その後、ミャンマーで手術が難しい子どもを日本に連れてくるプロジェクトは何度か行っている。受け入れ側の病院や、渡航資金などの募金に応じてくれた一般の方々の協力をいただきながら。

みんなが、私と同じように、「一人の患者」に向き合ってくれたのだ。それぞれが向き合う「一」を共有できたことになる。そうして、何人もの子どもたちが、新しい人生を歩みはじめている。


「一」と向き合うというのは、「いま」と真剣に向き合うということでもある。


いまできることに全力を尽くす。先々にできることを問うのではない。あくまで、いまできることを明確にする。その積み重ねが、やがて本気につながる。

すべては「一」からのスタートだ。一人の人間、一つの課題、一つのやりたいことから向き合えばいい。「一」に丁寧に向き合う覚悟がなくて、「一〇〇」や「一〇〇〇」の目標を掲げるなんてナンセンスだ。

人生の価値は、向き合う一つの出会いや出来事の中から生まれる。

いま、あなたにとっての「究極の一」は何だろうか。

人生の真実

――生きた証がわかる〝秘密の宝箱〟

もし、あなたが死ぬ直前に神様に
「自分の人生の宝を、持っていっていいぞよ」と言われたら、何を選ぶだろう。
仕事の実績、友情の絆、恋愛の思い出、趣味の成果……。
残念ながら、人生の宝は「結果」の中ではなく、
「プロセス」の中にしかない。
生きる目的がそうであるように。
人生の真実がそうであるように。

良いことも悪いことも、すべて経験しながら前に進む

ミャンマーやカンボジアでは、日本では考えられないような、治療が難しい患者と出会う。手の施しようがなく、命を救えなかった患者もいる。手術はしても、結果、うまくいかなかった患者もいる。

そのたびに、自分の無力感に打ちのめされる。もう手遅れかもしれない患者を前にすると、何度も味わってきた無力感がトラウマのように頭をかすめる。

しかし、自分に言い聞かせる。いま何もしなければ、あとで必ず悔やむことになる。あのとき、なぜあの子を救ってあげなかったんだ。命を救うことはできなくても、何かできることがあったのではないか。困っていることがわかっていて、なぜ手を差し伸べなかったのかと。

そして、心を立て直す。いまの自分にできることを、とにかく一生懸命やろう。うまくいくかどうかわからないが、運が良ければ神様が味方してくれる。

全身全霊を込めて、やるしかない。

そう思い定めて手術に臨む。成功すれば、神様と頑張ってくれた患者に感謝する。

でも残念ながら、全力を尽くしても神様が味方してくれないこともある。

そのとき、私には後悔の念はない。命を救えなかった患者には申し訳ないが、生死から解放された疲労感に包まれている自分がいるのだ。

「あぁ、これなんだ」と思った。人生の真実は、プロセスの中にあるんだ。生きる過程で直面したことに、いかに全力を注ぐか。そのプロセスにこそ、自分が生きた証はあるんだと。それを教えてくれたのは神様ではなく、救えなかった患者たちだった。

◎人生の質を高めるために一歩を踏み出す

人生の目的がない、見つからないと言う人がいる。

しかし、人生の目的なんて、誰かが用意してくれるものではない。どこかに行けば、見つかるようなものでもない。

自分の中にある才能を用いて、自分でつくっていくものだと思う。そのプロセスで、自分が何者かを知る。あるいは、人としての成長を自覚する。それこそが、人生の目的だ。

人生とは何であるか。その真実も、プロセスの中でしか見つからない。プロセスそのものが、真実なのだ。

だから、前に進まなきゃいけない。良いことも悪いことも全部経験しながら、前に進むことに人生の意味がある。それが、人生の真実だ。

目標を持つのはいい。だが、目標を達成することが、人生の真実なのではない。達成したことが、生きた証になるわけでもない。

達成するプロセスに、あなたの命が宿るのだ。

誰のために、どのように生きるか。

そのプロセスをたどるために、いまから一歩を踏み出そう。あとで悔やまないために。自分の人生の質を高めるために。

生き方のベクトル

——望んだ方向に力強く進み続けるエネルギーの指標。

人生にはゴールなど存在しない。
いまという「永遠なる現在」が、果てしなく続いているだけだ。
ゴールはないが、あなたを見つめる天空の星がある。
方角が間違っていないかを教えてくれる星だ。
大事なのは方向感覚。その方向に向かう強いベクトルだ。
少しくらいズレても、いくらでも修正はきく。
なぜなら、天空の星も実は、あなた自身なのだから。

ベクトルさえ維持すれば、現実的な問題は乗り越えられる

こんなことがしたい。あんなことができたら。そんなふうに、心にほのかに夢や理想が芽生えたら、それを大事にしてほしい。かすかな心の動きが、人生の大切なベクトルになる。

私がいうベクトルは、向きを示すだけのものじゃない。方向性を持った力だ。ある方向に向かうエネルギーのことだ。

方向が正しかったかどうかは、あとでいくらでも確認できる。いまは、心の声に素直に従い、目指す方向に進む意思と行動がすべてだ。

夢や理想がまだ漠然としているなら、いま一番大切で、自分にとって必要だと思うものを一つだけ選んで、それを手に入れるために船出すればいい。そのとき、あなたの中に、力強いベクトルがすでに生まれている。

あとはひたすら漕《こ》ぐ。我を忘れて必死に舵《かじ》をとる。漕ぎ続けるうちに、ぼやけていた夢や理想も、よりはっきりしてくるはずだ。

途中で迷いや悩みが生じても、うろたえることはない。ベクトルさえしっかり見定

めていれば、あとは現実をどうすり合わせるかだけだ。それは、思うほど難しいことではない。

私自身もジャパンハートの活動では、さまざまな現実的な問題に直面してきた。しかし、志の追求に比べたら、現実的な問題など大したことではない。ベクトルがちゃんと維持できていれば、答えはあとからついてくるものだ。

楽観的でいいと思う。楽観しながら、全力で漕ぐ。それだけだ。

ただ、ときどき星の位置を確認することを忘れてはいけない。

かつてほのかに抱いた夢や理想。その星が、北極星のごとく輝きを増して、いまの方向が間違っていないかどうかを教えてくれるはずだ。

星は、夢と理想を抱いた自分自身の姿でもある。そのきらめく一等星があなたを見ている。多少進路がズレたところで、安心していていい。間違いのないほうへ、きっと導いてくれるはずだ。

大事なのは、ベクトルを守り続けること。航海した距離に意味があるのではない。望んだ方向に力強く進み続けることが重要なのだ。

天職との出会い

――「このために自分は生まれてきた」と思える仕事をつかみ取ること。

天は、本気の人間に、使命を与える。
だから本気になれない人間には、
天職を手にするチャンスは訪れない。
可能性の芽を潰すのは、環境ではない。自分自身だ。
まず目の前の仕事に同化するほど没入する。
「同化」と「没入」をひたすらくり返していけば、
必ず、自分の才能ある分野にたどり着くはずだ。

第３章
本気になり切れないあなたへ

「同化」と「没入」をくり返して初めて、答えが見えてくる

天職は、天（神様）が授ける仕事だと思っている人がいるが、大きな誤解だと思う。天職は与えられるものではない。自分でつかみ取るものだ。

夢や希望を抱いて就いた仕事が、本当に天職かどうかはすぐにはわからない。誰もがそうだ。しかし、正解を探り当てるヒントはある。

キーワードは、「同化」と「没入」だ。

仕事と一体化するほど、没入するということだ。

スポーツでたとえると、たとえば野球選手が、バットを自分の手や腕のように感じる感覚だ。あるいは、武道家が剣や槍《やり》を自分の腕のように使いこなす感覚に似ている。

一流選手は、ひたすら鍛錬を積むことによって、その感覚を身につける。

仕事でいえば、ただがむしゃらに働き続けるだけでなく、何のために、誰のためにこの仕事はあるのか。それをとことん考えながら没入することが必要になる。上司や経営者の立場で考える。お客さんや取引先の気持ちに徹底的に寄り添いながら仕事を仕上げる。

そうすると、仕事の本質が見えてくる。その本質が、自分に合うかどうかも肌で感じることができる。自分の才能がどのように生かされるかも、はっきりわかるようになる。

いまの仕事に本気になれないというなら、自分が、仕事に同化するほど没入していたか、その再確認が必要になる。

同化は、なまやさしいものではない。先に挙げた、スポーツ選手の同化感覚を想像すればわかるだろう。同化に至る道程は、けっして楽ではない。

仕事だって同じだ。上司にほめられたい。給料をアップさせたい。そんな欲がなくなるほど仕事に同化するのは、並大抵の仕事のやり方ではなかなか到達できない領域だと思う。そこまでとことんやって、それでも「自分がめざすものと違う」と確信が持てたときこそ、天職探しの資格を得たことになる。

労働の対価

——仕事に対するご褒美、喜び。お金だけとは限らない。

何のために働くのか？　そう聞かれて、当たり前のように
「生活のため」と答える人がいる。
労働の対価としてお金を得るためだと。
はたして、本当にそうだろうか。
確かに、労働には対価は必要かもしれない。
しかし、どうしてそれがお金でなくてはいけないのか。
お金以上の労働の対価があることを、私は信じている。

生きている証を得ることこそが、最高の労働の対価

誰もが何の疑問もなく、労働したときは必ずその対価を受け取るべきだと考えている。自分は一カ月間、働いたからこれだけのお金をもらって当然だと。

しかし、私は素朴に思う。なぜ労働の対価がお金でないといけないのか。奉仕活動はまぎれもなく労働だが、その対価としてお金をもらうか。もちろん、もらわない。

こんな声が聞こえてきそうだ。生活の基盤があってこその奉仕ではないか。月々もらえる安定収入があってこそ、たまにボランティアもできるのだと。

しかし、必ずしもそうとは限らない。ある程度の蓄えをしたあと、安定収入の道を断って奉仕活動に身を投じることもできるはずだ。その行動が自分の人生に多大な利益をもたらすと自覚できれば、蓄えなどほとんどなくても、一時期、奉仕活動に専念するという選択肢もあり得るだろう。

海外で長期間、医療活動に取り組んだり、日本の離島・僻地《へきち》で看護活動をしているジャパンハートの医療スタッフは、最低一年間は無給で働いている。現地を行き来する交通費も自腹である。ときには、海外の貧しい患者のために、お金を出し合うこと

もある。

彼らはみな、日本での勤め先と折り合いをつけ、あるいは職場を辞めて、ジャパンハートの奉仕活動に参加している。

◎奉仕活動がお金に換えられていいはずはない

そもそも、労働の対価がお金であると、いったい誰が決めたのか。

こんな声も聞こえてきそうだ。お金をもらえないなら、誰も働く気になんかならない。人は自分の能力をお金で評価してもらえるからこそ働くのだと。

本当にそうだろうか。よその国はともかく、少なくともこの日本では、ほんの数十年前までは、人々は十分なお金を持っていなかったではないか。しかし、みんな一生懸命働いていた。お金などもらわなくても、互いに助け合って生きていた。そうやってこの国は、何千年と続いてきたのだ。

いま、日本は経済的に豊かになって、食うものにはまず困らない。国民皆保険制度のもとで、誰もが最低限の医療サービスを受けることができる。

しかし、ひとたび海外に目を向ければ、世界で毎日二万四〇〇〇人が餓死しているといわれている。そのうち四分の三は、五歳未満の子どもたちだ。

そして、貧しさゆえに医者にかかることもできず、日本では当たり前のように治せる病気を抱えたまま、命を失っていく大勢の人たちがいる。

そんな人たちのために捧げる労働に、対価としてお金が支払われるのはあり得ないと私は思う。一〇〇人の人の命を救う対価が一〇〇万円だとすると、一人の命は一万円ということになる。私はそういう計算は納得できない。

そして、もうひとつ重要な点。

貧困や飢餓や病気で苦しんでいる人々を救う人は、その行為によって、自分がかけがえのない対価を得ることができる。

奉仕した相手からもらう感謝の言葉。感動。志をともにする人との出会い。技術の習得などもある。総じて、良い経験、良い時間が得られるのだ。これも、立派な対価ではないか。人生のすべての収入の目的は、良い時間を得るためである。

労働の真の価値は、「生きている実感」を得られることだ。これこそ、労働の最高の対価であると信じている。

内部感覚

——あなたの未来を決める、体に埋め込まれた羅針盤。

どこか居心地が悪い。何かしっくりこない……。
そんな違和感は、「内部感覚」が働いているシグナルだ。
ひらめきとも、第六感とも違う。
体の中に埋め込まれた羅針盤のような〝感性の装置〟だ。
瞬時の決断を要するときに作動することもあれば、
人生の方向性を見極めるときにも機能する。
もちろん、本気が問われるときにも働いている。

人生のすべてが詰まっている「特別な感覚」を研ぎ澄ます

前にもふれたが、私は思い立つと、内部感覚を磨くために断食をする。通常は一〜二週間だが、長いときは一カ月続けることもある。

カロリーの補給は、ときどき口にする砂糖の入った紅茶かジュースだけ。食塩はいっさい摂らない。体重は一〇キロ以上減る。

もちろん、その間、医者としての仕事はする。そもそも、断食を始めたのは、手術中の感度を極限近くまで高めておきたいと考えたからだ。

医療事故が起きると、〝たまたま〟という言葉が使われることがある。たまたま想定外のことが起きた、たまたまいくつかの原因が重なって不慮の事態を招いてしまった。つまり、不可抗力だったと。

私はそうは考えない。いくつかの事態が偶発的に起きたように見えても、安易に偶然という言葉で片づけたくはない。

一つひとつがどこかで必ずつながっている。その流れをどこかで断ち切ったり方向転換することができれば、患者の命を奪うような事故は起きない。

そう信じて、自分の内部感覚をつねに高めておきたいと思った。普通の感覚では気づかない違和感を感じ取り、とっさの判断ができる鋭敏な感覚。それが、私の言う内部感覚だ。瞬時に感じる「直感」というより、本質を見抜く「直観」に近い。

◎場当たりの判断ではない。そうすることがあらかじめ決まっている

実際に断食に入ると、自分の内部感覚が高まっているのを感じる。手術中に、理屈では説明できない感覚が働き、頭より先に手が動くようなことがある。

手術で血管を縫い合わせるときは、持針器という針をつかむ特別な器具を使う。髪の毛の一〇分の一くらいの細さの糸を血管に通すので、持針器がなければ針はうまく扱えない。その操作を、目につけた拡大鏡で視認する。

首に腫瘍のできた、ある患者の手術の話だ。

腫瘍を取り除くときに、患部に複雑に食い込んでいた血管が裂け、出血が起きた。破断した箇所を、持針器を使って縫い合わせなければならないが、針を刺すポイントがなかなかつかめない。そのとき、通常の私なら絶対しないような行動に出た。

さまざまな止血器具を使うのをやめ、左手の人差し指を血管の下に滑り込ませ、ひ

ょいと浮かせるようにしたのだ。

裂けている箇所がそこに見えた。一ミリ以下の精度で判断しなくてはいけない針を刺すポイントも、「ここだ」という箇所がはっきりわかった。すかさず糸を通して縫合し、出血は一発で止まった。

まさに、一瞬の判断。同じ場面に遭遇したとしても、二度と同じ行動をとる自信はない。しかし、あのとき私は「ここで指針器を使ってまごまごするくらいなら、指で何とかできる」と判断した。

理屈で考えたわけではない。感じたのだ。

これも私から言わせれば内部感覚だが、場当たりの判断ではなく、そうすることが決まっていたような感覚だ。

◎理屈がないと納得できない人や、面倒を嫌う人には身につかない

私が内部感覚を強く意識するようになったのは、学生時代に、少林寺拳法などの武道や、武術気功にのめり込んだことが大きく影響していると思う。医学の勉強そっちのけで、一日十数時間も練習に打ち込んでいた時期もある。

技の練習や筋トレだけでなく、爪先立ちで重心を落としてその状態を保つなど、自分の肉体と精神を極限まで追い込むような鍛錬もする。

そんなことを重ねていくと、不思議な感覚が身についてくる。

自分より上級者と対戦しても、相手の動きが手に取るようにわかって、簡単に負かすことができる。信じてもらえないかもしれないが、鍛錬中に、数メートル先で飛んでいるハエの羽が起こす空気の振動を感じたこともある。

もちろん、内部感覚は武道経験者だけが特別に持つ感性ではない。スポーツの経験など何もなくても、自分の感覚に素直になれば感じることができる。

何かの出来事に接したときに、「これ、ちょっとおかしくない？」とふと感じる、その感覚である。

理屈では説明できないけれど、どこか違和感を感じたり、何となく嫌な感じというのは、誰でも経験があるはず。誰もが持っている感覚なのだ。

ただ、感じはしても、その違和感にこだわる人と、スルーしてしまう人がいる。スルーをしてしまうのは、おそらく、理屈がないと納得できないタイプや、その後に起きそうな面倒を避けたがるタイプだ。

しかし、内部感覚は、たんなる偶発的なひらめきではなく、過去のすべての体験が凝縮されて生成される感覚だと私は思っている。自分の記憶にはない幼少期の親の言葉なども影響しているはずだ。

私が中学生時代に、海外の貧しい人たちを助けたいと思ったのも、おそらく父母から聞かされていた言葉が、私の記憶中枢に埋め込まれていたせいかもしれない。そんな潜在意識の記憶も含め、それまでの私の人生のすべてが内部感覚をつくっていったのだ。

内部感覚には、これまでのあなたの過去がすべて反映されている。

そう考えれば、けっしてないがしろにできるものではない。それは、これからの人生の方向感覚にも大きな影響を与えるのだ。

感性の声

——行動をうながすために、心の中で響く〝運命の号令〟

内部感覚に素直に向き合っていると、
よりはっきりした「感性の声」が聞こえてくるようになる。
「いま動かずに、いつ動くのか」
そんな心の叫びが、全身に響くはずだ。
私は、感性の声をどんな批評家の論評よりも信じる。
理性が足手まといになるようなら、いっそ捨ててしまってもいい。
理性より、はるかに信頼を置くべきなのが、感性の声だ。

豊かで充実した人生を送りたければ、理性より感性

東日本大震災のときも、感性の声が胸を突いた。

私は、津波が道路や家々を飲み込んでいく映像をミャンマーの空港で見た。ただごとではない。かつて、ミャンマーを巨大サイクロンが襲ったときの記憶がよみがえる。そのときも、ジャパンハートは救援活動に多くのスタッフを投入したが、被災地の壊滅的な状況に、津波の恐ろしさをまざまざと思い知らされた。

緊急支援をするにしても、被災地の詳しい情報がまったくわからない。私はひとまず九州まで飛行機で行き、到着後すぐに、東京の事務局に電話した。数十人集まっているスタッフたちに、「緊急支援すべきかどうか、情報を集めて話し合ってくれ」と指示した。

深夜、スタッフの一人から電話がかかってきた。

「自衛隊などの緊急支援が入っていますが、現地はおそらく混乱を極めていると思います。道路も、あちこちで寸断されているかもしれません。被害の状況を考えると、間違いなく復興には長い時間がかかります。ジャパンハートとしては、中長期的な支

援で関わっていくことにしてはどうかと考えています」

その報告を聞いたとき、「違う」と思った。理屈じゃない。マスコミの報道も、あてにならない。津波で取り残された人たちがいることは容易に想像できる。現地に行けば、その人たちを救うことができるかもしれないのだ。行く交通手段など、あとで考えればいい。医療者としていま必要なのは、「とにかく被災地に向かう」という決断だ。

「すぐに行け！」と私はスタッフに檄《げき》を飛ばした。「がんがん行け。あとのことはどうにでもなる。いますぐ出発する準備をしろ」と。理屈より、感性の声に従ったのだ。

動き出すと早かった。海外にいたスタッフも呼び集め、出国予定だったスタッフには取りやめさせ、東北の被災地に向かわせた。

インターネットで呼びかけると、次々にボランティアも集まり、結局、約二カ月間で、延べ五〇〇〇人の医療スタッフを東北地方に送り込むことができた。

◎感性の声は、脳の全領域から集まってくる「全脳の声」

東日本大震災のときは、多くの人たちが自らの感性の声に従ったはずだ。感性の声が聞こえるのは一瞬である。それを聞き逃してしまうと、やがて理性が頭をもたげてくる。理性は合理的な判断をもたらしても、その「合理」が足を引っ張り、行動のスピードを鈍らせる。それどころか、やらない道を選ばせてしまうこともある。

支援活動には、中長期的な視点で考えれば、計画性も合理性も必要なのは確かだ。しかし、短期決戦が必要なときもある。どんなに綿密に計画を立てても、けっして思惑通りにはいかない。最後の最後は、合理を捨てて「エイ、ヤッ」といかなくてはいけない場面もある。その行動をうながすのが、感性の声だ。

感性の声は、過去の記憶を何らかの形で背負っているが、そこには未来につながるシグナルも含まれている。自分はどう生きるべきか。何をしたいのか。どんな未来をつかみたいのか……。そんなシグナルも、感性の声には含まれているのだ。

行動をうながす感性は、脳の記憶中枢のあちこちに埋め込まれている。その情報が、同時並行的に処理されて、集約されて、号令として発せられる。しかも、より具体的なイメージをともなって現れるのが、感性の声だ。

感性は、日頃の心がけ次第で、いくらでも感度を高めることはできる。

第3章
本気になり切れないあなたへ

日常生活には、選択をする場面がたくさんある。身近な例では、喫茶店に入って飲み物を選ぶとき。「このあいだはカフェオレを注文したから、今日は……」などと考えずに、パッと注文する。理由などいらない。とにかく、思い浮かんだことを口にする。そんなことを実践するだけでも、ずいぶん違ってくると思う。

いつも理屈だけで考えていると、脳の一部しか使わないことになる。脳には感性の領域が広がっているのだ。理性も必要だが、感性はもっと大事なものだ。すべての脳領域を使って判断する。だから、感性の声は「全脳の声」といってもいい。

私の経験でいえば、理性の声に従って人生の選択をし続けるよりも、感性の声に従って選択したほうが、明らかに豊かな人生になる。

途中、痛い目に遭うこともあったが、結果的には幸せな人生を歩んでいると確信している。

けっして、義務感を背負って、自分に困苦を強いているのではない。気がつけば、そうなっていた。そういう運命にあった、という感覚だ。

その運命を信じたい。感性の声に誰よりも素直でいたいと思っている。

愚直の魂

――正しいと思えば、非合理なことにも向き合う日本人の美意識。

「合理的」という言葉の向こう側に、
「面倒くさい」という言葉が透けて見えることがよくある。
「これは合理的じゃない」「こんなことやっても意味がない」という言葉が
頭に浮かんだら、
立ち止まって考えたほうがいい。その合理精神が、
自分の「怠惰」や「無気力」の
隠れ蓑《みの》になっていることがある。

第3章
本気になり切れないあなたへ

ひたむきさのない人間は、未来を失う

面倒くさがらないことは、医療従事者にとって大事な資質のひとつだ。

医療現場では、患者はときにわがままを言う。あれこれ口を出す家族もいる。入院して早々に、いろいろとトラブルを起こす患者もいる。

医師や看護師の本音を代弁すれば、やはりうっとうしいときもある。長年、医師をしているので、そのへんのところはよくわかる。しかし、医療従事者がいつもそんなふうに思っていると、やがて大きなミスや事故につながる。患者について本来知っておくべき必要な情報が入ってこなくなるからだ。

だから、面倒でも、患者の話にしっかり耳を傾ける。面倒でも、入院患者のもとに足を運ぶ。面倒でも、何度も体温を計る。

面倒なことでも、面倒くさがらない。これは何も、医療従事者だけに求められることではないだろう。どんな仕事でも、本気で取り組むためにはなくてはならない姿勢だ。仕事以外の場面でも、たとえば勉強にも面倒がつきまとう。

面倒くさがりは、まわりに重大なリスクをふりまくだけではない。自分自身が大き

な損失をこうむることになる。

面倒くさがる人間は、学ぶ機会を失う。人と知り合う場面を失う。さまざまなチャンスを失う。つまり、未来の可能性を失うのだ。ほんのわずか腰を上げれば手にできたかもしれない未来への切符を、なくしてしまうのだ。

◎美しく生きるために「愚直」を忘れてはいけない

愚直という言葉がある。愚かしいほどに、真っ直ぐな様子をいう。臨機応変さがない、というニュアンスもある。

しかし、この愚直さこそが、プロの仕事人として、一人の人間として、なくてはならない資質だと思う。 若いうちは、機転なんかきかなくてもいい。目の前の課題に、向き合うべき人に、真っ直ぐであるべきだ。

年を重ねるごとに、この愚直さが失われる。代わって、面倒くささが顔を出す。ずる賢くもなるから、面倒くささを「時間の浪費」だとか「合理的じゃない」と言いかえたりする。

そもそも、愚直なまでのひたむきさは、日本人の美意識でもあったはずだ。

第3章
本気になり切れないあなたへ

「雨ニモマケズ」で宮沢賢治は言う。

「ヒドリの時は涙を流し、寒さの夏はオロオロ歩き、みんなにデクノボーと呼ばれ、ほめられもせず、苦にもされず、そういうものに私は成りたい」

この「デクノボー」に日本人は共感する。わびさびとか、おもてなしとか、日本の美徳を言い表す言葉はいろいろあるが、日本人の生き方に重ねる言葉としては「愚直」こそが一番ふさわしいと私は思っている。

しかし、欧米流の合理精神はこの愚直さを嫌う。なぜか？

それを美しいと思う感性が、少ないからだ。体を壊してまで人に尽くして、何の意味があるのかと考える。

しかし、私たち日本人は、寡黙に、真正直に、コツコツと働く父母の姿に、生きるひな形を与えられてきた。

その美意識、美徳に対する感性は、これからも日本という国を支えていくものだと私は信じている。

あなたにも、愚直の魂を持ち続けてほしい。美しく生きるために。

第4章

挫折感で立ち直れないあなたへ

無力感との闘い

――力のなさを感じていても、なお立ち向かおうとする自分との格闘。

自分の力不足を思い知らされたとき、
私を待ち受けているのは、挫折感だ。
ときに、心が折れてしまいそうになることもある。
力をふりしぼって立ち上がるが、また打ちのめされる。
こんな闘いをいったいいつまで……。
そうなると無力感との闘いになる。
しかし、「それでも、立ち上がれ」と感性の声が聞こえてくる。

第4章
挫折感で立ち直れないあなたへ

力不足を自覚しながらも、進むべき険しい道がある

患者が死ぬ、ということは、多くの医療者が何度も経験することだ。

患者たちが病と闘う。長い間、苦しい治療を続け、やがて力尽きてゆく。私たち医療者は、彼らを励まし、家族と力を合わせ、さまざまな努力を重ねるが、やがて避けられない死が訪れる。

病院で患者の最期を看取れないときもある。ミャンマーでは、がんと診断されると、多くの患者は静かに村に帰る。がん医療の進んでいないこの国では、がんは死を意味する。それは、患者もその家族もわかっている。

家族は村で死なせたいと願う。ミャンマーでは、村の外で死んだ人は、その村に入れないのだ。不幸を持ち込むと考える風習があるからだ。

このようなときは、何もすることができない。治療をすることができなくなった医者など、翼をもがれた鳥のようなものだ。村へ帰られてしまうと、寄り添うことすらできない。

こうして私は、これまで何度も無力感に打ちのめされてきた。命に対して、これほ

どのことしかできないのかと、心が押しつぶされそうになる。

それでも、医療者は次の患者と向き合わなければならない。どんな患者であれ、どんな病気であれ、対峙していかなくてはいけない。無力感におびえながら、気力をふりしぼっていく。

亡くなった患者の中には、自分の力のなさが死に追いやったのではないかと悔やまれるケースもある。あのとき、あの兆候に気づいていれば、あの子は助かったかもしれない。なぜ、気づかなかった? おまえの内部感覚はどうした?

新たな患者と向き合いながらも、引きずる思いを拭い去ることができない。自分の修業が足りないことを痛感する。そしてまた、断食を始めたりする。

◎自分との闘いのあとに待つ「出会いの物語」

日々、自分の無力感と闘う中で、あるとき、それまであまり意識しなかったことが頭をよぎった。

幼い子を失った両親は、いまどうしているだろうか。一家の大黒柱を亡くした家族

第4章
挫折感で立ち直れないあなたへ

は、いまどのように暮らしているのだろうか。子どもたちは、ちゃんとご飯を食べているだろうか。彼らは、悲しみを乗り越えられるだろうか……。

そのとき、はたと思った。医療が光を当てるのは、患者本人ばかりじゃない。その家族にも当てられるべきものだ。

大切な人を失った家族が、ほんのわずかでも元気になれるように、ほんの少しでも早く元気になれるようにと取り組む医療があるはずだと。

私がめざす「たとえ死んでも心が救われる医療」という考え方は、こんな体験の積み重ねから生まれたものだ。

だから、死を免れない患者に対しても、その家族に対しても最善の道を模索する。

自分が力足らずとわかっていながら、挑むべき険しい道がある。無力感にさいなまれながらも、爪を立ててよじ登らなければならない岩壁がある。

しかし、かつて自分を打ちのめした挫折感を克服するには、その岩壁を越えていくしかない。その試練の数だけ、自分をさらなる高みへ導くステップが築き上げられる。

幾多の試練の先には、救いの力を求めている人たちがいる。出会う人の背後には、その人の過去の物語がある。そして、未来の物語も待ち構えている。

いま、あなたが自分のひ弱さを克服し立ち上がることで、いろんな人たちとの新たな物語が生まれる。

出会いの物語は、出会った人たちに、また新たな物語を生み出す。その物語は、あなたの知らないところでも語り継がれる。

そうして、何十、何百、何千という物語が次々につくられていくのだ。

けっして無力ではないはずだ。

あなたには、その物語の一行目を書き出す、大いなる力がある。

挫折の真価

――良い経験とともに、悪い経験も味わった人でないとわからない人生の豊かさ。

失敗や挫折のない人生は、豊かではない。
人は「人生を豊かにしたい」「幸せに生きたい」と願うが、
起伏のない安定した人生に、豊かさは宿らない。
真の豊かさとは、良い経験と悪い経験の落差のことだ。
落差を何度も味わってこそ、人生は豊かさを増していく。
行動することに臆病であってはならない。失敗を恐れてはいけない。
行動しなければ、プラスもマイナスもない。一生、ゼロのままだ。

失敗を恐れて何もしないことが、最大の失敗である

失敗は成功の母。エジソンのこの言葉を、学校の先生や親から一度は聞いたことがあるだろう。失敗なくして成功はない。失敗はさまざまな学びを与えてくれる。失敗はけっして悪いことではない。

でも、頭ではわかっていながら、やはり人は失敗を怖がる。リスクのあることを避けたがる。そして、何も行動を起こさない。

問題はここだ。失敗を恐れて何もしない、そのことこそが最大の失敗になるのだ。行動しないということは、未来のあらゆる可能性を断ち切ってしまうからだ。

失敗は成功の反対ではない。むしろ、成功の一部といっていい。

◎不完全から完全へ。このプロセスが人生の味わいになる

最近はこんなふうに考えることがある。

世の中は、不完全な状態こそが、自然な状態であると。

たとえば受験で、あともう少しのところで不合格になったとする。合格という「完

第4章
挫折感で立ち直れないあなたへ

全」を手にした受験生に比べれば、「不完全」な状態ということになる。

しかし、ほとんどの合格者はボーダーラインの少し上のあたりに固まることが多いという。その実態を考えれば、あと少しのところまで頑張った不合格者たちは、能力的には、合格者の多数派と同様のグループだと考えるのが自然なのだ。

たまたま合否のボーダーラインがその間に存在するが、その線引きに、能力を客観的に区別する意味はない。合否は大きな違いだと言う人がいるだろうが、そんなことはない。挫折の経験者だからよくわかる。

受験での挫折など大したことではない。必要以上に自分を責めたり引きずるようなことがなければ、むしろ挫折体験は、想像以上にプラス効果をもたらす。大成した人の多くは、何らかの強烈な挫折体験の持ち主だということは、よく知られている。

不完全な状態に陥った人は、完全な状態に少しでも近づきたいと願う。努力もするだろう。それが、自然の姿だ。

その不完全が完全に向かおうとする状態が、私がいう「自然な状態」ということになる。物質がつねに安定した状態になろうとするのと同じだ。

だから、たとえ挫折したとしても、不自然な状態にいる自分を責める必要なんて、さらさらないというわけだ。

つまり、大事なのは、不完全が完全になろうとするプロセス。前に話した「人生の真実はプロセスにあり」というのと同じだ。人生の豊かさが、良い経験と悪い経験の落差にあるという考え方とも通底する。

失敗や挫折の真価は、まさにその点にある。

行動を起こして、良い経験をたくさん積み重ねるといい。しかし、辛酸をなめることも忘れてはいけない。深い味わいのある人生が堪能できると思う。

人生の深みとは、下の方向に掘り下げられた深さ、すなわち、その人の苦労の深さがつくり出すものなのだ。

人としての基礎力

——高い能力を発揮するためになくてはならない、人間としての土台。

特に若い時代は、失敗するのも挫折感を味わうのも、「人としての基礎力」をつけるトレーニングだと思ったほうがいい。将来、より高く飛翔するための屈伸力をつけるための鍛錬だ。鍛錬は、単調でつまらない。苦痛をともなうこともある。そのストレスこそが、基礎力という筋肉を鍛え上げる。

ただし、基礎力は体力的・精神的タフさだけを意味するのではない。人として歩むべき道を極める力であることを忘れてはならない。

しんどいと感じること、嫌だと思うことに突き進む

「人としての基礎力」とは、自分をベースで支えるものだ。高い能力を発揮するためになくてはならない、人間としての土台である。

アスリートの場合なら、基礎体力がそれに当たる。

大リーグで活躍してきたイチローは、高度なバットコントロールを持つ選手だ。技巧派のイメージが強いが、そのバットコントロールを支えているのは、やはり基礎体力だ。彼は、自分専用のトレーニングマシンを使い、柔らかでしなやかな筋力をいまも鍛え続けている。

バランスのとれた筋力だけでなく、持久力や動体視力など、さまざまな基礎体力が、彼の輝かしき実績を支えているのだ。けっして技巧だけではない。

翻って、人としての基礎力。アスリートの基礎体力と同じように、日々の鍛練が大切であることはいうまでもない。

人としての基礎力とは、どんな状況になろうと、どんなに追い込まれようと、サバ

イブするための、人間を支える基本的な力のことだ。

苦しむだけ苦しんだ人間、考えられないような状況を切り抜けた人間のほうが、当然この力が高い。

もちろん、人生の方向性を見定めたベクトルは大事。ベクトルも意識しながら、「これだ」と思う、ありとあらゆることにチャレンジしてみるといい。

とにかく、動くことが先決だ。動かなければ「感性の声」も聞こえてこない。

一つひとつの経験は、いまはバラバラな点のように思えるかもしれない。その点があるとき、パッとつながることがある。意味を持った線となり、面となる。

もし経験を選ぶ余地があるとすれば、よりしんどいほう、嫌だと思うほうを選ぶのが正解だとまず考えてみる。負荷の大きいトレーニングのほうが、将来成果を生む。

◎自然とシフトチェンジのときが訪れる

では人としての基礎力は、いつまで鍛え続けるのか。

さまざまな経験を地道に積んでいくと、やがて「もう、いいか」というときがやってくる。自分がそう思わなくても、以前に比べて柔軟に取り組めなくなったり、関心が薄れたり、根気が続かなくなったり、自然にそんな症状が表れる。

それは、シフトチェンジを知らせる内部感覚だ。基礎力をつける時代がそろそろ終わったことを告げるシグナルと考えていい。

今度は、自分がもっとも好きな分野や得意分野を極めるために、ひたすらエネルギーを集中し、一気にセカンドステージにシフトチェンジするのだ。

訪れる時期は、人によって違うだろうが、いまあなたが二〇代なら、まだ少し先の話だ。それまでは、とにかく基礎力だ。

忘れてならないのは、基礎力は若いうちにしかつきにくいということだ。

人間は肉体と精神が相関している。失敗や挫折も、若いときの体験のほうが、より血となり肉となる。

基礎力の土台がしっかりできていれば、その上に建つ塔も、より高く、より強固なものになる。

攻めと防御

——どちらかを優先するのではなく、同時に行う闘い方の極意。

失敗や挫折に負けない精神力をいかにつくるか。
防御だけでは、不安との闘いになる。
防壁は一カ所が崩れると、一気になだれ落ちるからだ。
その前に、攻める。攻撃にも磨きをかけることが大切だ。
本物の防御力とは、攻撃の中から生まれてくる。
攻めながら守る。それが、多難が渦巻く人生を生き抜くスタイルだ。
防御から始まる人生は、あり得ない。

未来の自分との闘いに負けてはいけない

柔道で最初に学ぶのは、受け身だ。自分より強い相手と対戦したときに、その衝撃を最小限にくい止める体裁《さば》き。受け身こそ、柔道のもっとも大切な考え方。小さい頃、柔道をたしなんでいた祖父から、そんなふうに教えられたのを覚えている。

ただ、「攻撃は最大の防御なり」という言葉もある。体験的に学んだことだが、攻撃力がついてくると、防御の力も自然についてくる。不思議と、防御の練習ばかりしていても防御は上達しない。

これは、他の格闘技や多くのスポーツでも同じではないか。

いや、人生でも、と思う。

失敗や挫折に負けない力。困難に耐え抜く力。いずれも大事なものだが、守りに徹するだけでは、いつかその防御の壁が崩れるときがくる。人生は数十年の長期戦だ。浮き沈みもある。防御だけで持ちこたえるのは難しい。

防御とは攻撃の一部。攻撃の中に防御を忍ばせる。

第4章
挫折感で立ち直れないあなたへ

これは、私が自分の人生経験から得た大きな教訓である。

「まず攻めろ！」が合言葉だ。相手を打ちのめすために、まず前に進むのだ。初手で相手を仕留めるのが難しければ、次の手で狙う。立て続けに攻撃の手を打ち出しながら、防御もする。

相手の攻撃にはひるんではいけない。けっして後ろに下がってはならない。押し込まれた状態での反撃は、相手に足元を見られるだけだ。

前へ、前へ！　前に突っ込んで、もし相手に打ちのめされても、それはそれでいいではないか。次回の対戦の、防御の知恵を得たことになる。

人生にはいくらでも再戦のチャンスは残されている。

心すべきは、人生は自分との闘いでもあるということだ。

闘う相手は、未来の自分。現在の自分より、確実に力をつけている相手だ。力の差は僅差かもしれないが、未来の自分にも攻撃の手をゆるめてはいけない。

未来の自分に対して防御にまわることは、現在の自分に甘えを許すことになる。

努力と結果

——どちらも他人に誇っても意味がないもの。努力だけが、自分に誇れる。

本来、努力は人に誇るものではない。自分の中で完結するものだ。
ならば、結果が出なくても自分を許せるだろうか。
それも、生きていくうえでは難しい。
人は結果で評価するからだ。
努力は自分を納得させるが、他人にとっては本質的に意味がない。
結果は他人を納得させるが、自分にとっては本質的に意味がない。
努力と結果とは、そういうものだ。

第4章
挫折感で立ち直れないあなたへ

結果が出せないのに、自分の苦労を売り物にするな

ミャンマーなどの医療活動では、設備や人手が不十分な状態で手術もせざるを得ない。十分に事前の検査ができないまま、手術に突入することもある。

顔に奇形を持つ子どもの手術で、おびただしい出血が生じる。看護師は一人しかいない。点滴を早めて水分を補充しなければ、心臓がもたない。しかし、溢れる出血の対応に追われて、看護師は点滴まで手がまわらない。

そうこうしているうちに、その子は亡くなってしまった。

看護師は頑張った。しかし、こんなときは、私は容赦なく看護師を怒る。看護師が泣きわめこうが、非情な人間と思われようが、怒りをそのままぶつける。命が消えてしまえば、子どもも親も、そして私たちも救われないからだ。

患者やその家族に「私たちは努力しました」なんて通用しない。努力したかどうかより、結果が求められる。

医療現場に限った話ではない。仕事は結果が求められる。当然のことながら、結果が出なければ評価はされない。努力を評価してくれるのは、学校の先生や親くらいな

ものだ。

会社で努力を評価してくれる上司がいたとしても、上層部や顧客からは、当たり前に結果が要求される。本音は、結果がほしいに決まっている。

結果が出ないときに、自分を鼓舞できる人間と、諦めてしまう人間がいる。

前者は、自分の努力不足を自覚し、立ち上がろうとする。

後者は、自分なりに努力したのにと、自分の「苦労」を売り物にする。

そんなメンタリティに、私は他人事ながら、虚しさを覚える。


何かができないことが問題なのではない。問題は、心のあり様なのだ。

できてもいないのに、努力を怠っているメンタリティ。努力をしているつもりになっているメンタリティ。ささやかな努力を他人に誇りたがるメンタリティ……。

そのメンタリティが、自分の将来への扉を閉ざしている。

結果も努力も、本来、人に誇るものではない。世間から求められるのは結果。自分に課すのは努力。そして、自分に対して誇れるのは、結果ではなく、努力である。

好不調と因果関係

――生き方の良し悪しを決めるリズムと、その背後にある因果律。

人生には、自分では気づきにくい因果律がある。
ある結果を嘆きはしても、その原因が自分にあるとは思わない。
昔の出来事を思い出せても、それがいまの状況をつくっているとは考えない。
自覚しない因果律は、周期の読めない好不調の波となる。
しかし、内部感覚を研ぎ澄ませば、大局的な流れを読むことはできる。
いま上昇基調なのか、下降気味なのか。どん底なのか、ピークなのか。
感性によって、因果を超えた生き方ができる可能性がある。

好不調の波は、時間軸の設定次第でまったく別物になる

人生は歩みを止めるわけにはいかない。とにかく動く。動かないと、人生の意味も見えてこない。ただ、その歩みは、けっして速くなくてもいい。人それぞれのスピードがあり、一人の人生の中にも緩急がある。

ときには、「このままの歩調でいいのか」と思うときもあるはずだ。「この方向で間違っていないか」と自分を振り返ることもあるに違いない。ちょっとした違和感。そう、内部感覚のシグナルだ。

その違和感には必ず原因がある。私はそんなとき「流れの滞り」を感知するため、次の三つのステップを踏む。

①それまでやっていたことを、少し止めてみる。
②やってきたこととの方向性を少し変えてみる。
③本当にすっかり止めてしまう。

この三つを順を追ってやっていくのだが、一つのことだけで判断できることは少ない。①でスピード感覚を確認する。②でベクトルのズレを修正する。そして最後に③

第4章
挫折感で立ち直れないあなたへ

をやり、すべてをリセットする。もう一度しきり直して、流れに乗るつもりで。そうすることで、まったく新しい展開を呼び込むことになる。

たとえば、かつてこんなことがあった。

多量の出血のため、まったく止血ポイントが確認できずに、患者の出血量がどんどん増えていく。ミャンマーでは輸血は間に合わない。ますます追い込まれていく。しかし、状況は変わらない。

私はそのとき、助手に出血点があるらしいポイントを手で強く圧迫止血させ、その場からいったん離れた。

私はすぐに横になり、一〇分間心を落ち着ける。次の一〇分で状況を頭の中で点検し、さらに次の一〇分で、次の一手を想像する。そして再び患者のもとへ戻り、想像と現実のズレを修正しながら止血に成功した。

患者の命がかかる手術では、わずかの違和感も見過ごしにはできない。万に一つでも悪い影響が出そうなら、「流れの滞り」を排除してリセットする。それが、私の内部感覚に従う流儀だ。

◎長い人生を考えたら、一時の不調で落ち込むなんてバカらしい

良い流れを取り戻すために、私はよく掃除をすることがある。無心でやれる単純作業は、心と体のリズムの乱れを修正する。何も考えずに同じことを淡々とくり返す。それが一種の瞑想状態をもたらす。単調な作業のくり返しが、心の振幅を整える。

そして、もう一つ大事なこと。

長い人生を考えたときには、自分の時間軸の設定が、好不調の波のとらえ方にも大きな影響を与える。

いま自分が不調だと感じていて、それが数週間か数カ月レベルのものだとする。その期間は確かにつらいかもしれないが、はたしてそれが人生の流れというべきものなのか。時間軸を長くして、数年、数十年レベルで俯瞰《ふかん》してみれば、いまの不調も上昇基調の中のわずかな揺り戻しでしかないかもしれないのだ。

日々の生活の中で、好不調のリズムや流れに敏感になることは、感性を育《はぐ》むうえでも大事なことだ。だが、人生という長いレンジを考えたときには、一時の不調で落ち込むなんてバカらしい。時間軸の設定の仕方で、自分にとっての「流れ」はまったく別物になる。

与えられた時間

――人生に残された時間。使い方次第でその価値が変わってくる。

人は間違いなく、死に突き進んでいく。
いまのあなたには、年々、命が縮まる圧迫感はないかもしれない。
しかし、私にはある。今日も、この時も。
未来から押し寄せる時間的な圧迫が、私を飲み込もうとしている。
失われていく時間が、自分の存在を、より意識させる。だからこそ――、
自分のちっぽけな人生をまるごと引き受けて、
まっすぐに生きたいと思う。

人は仕事に埋没する中で磨かれていく

ワークライフバランスという言葉が、私にはよくわからない。

仕事に時間を取りすぎて私生活が犠牲になれば、人生は豊かではないと言いたいのだろうが、私にわからないのは、その考え方の中で使われている仕事の位置づけだ。仕事は、私生活を充実させるための、たんなる手段。もっといえば、仕事で金を稼ぎ、その金で潤いのある生活を送れることが幸せ。そんな人生観が透けて見えてくる。

人は現役で働いている限りは、物理的な時間においても、精神的な比重という意味でも、仕事が人生の大きな割合を占める。その仕事が、たんなるお金を稼ぐ手段でいいのか。生きがいは、最愛の妻との生活や、子どもの成長を見届けることに求めるのか。あるいは、自分の趣味を潤いの糧とするのか。

その私生活のためなら、やりがいのない仕事でも邁進できるのか。お金のためだと割り切って、汗を流せるのか。

誰もが、「そうじゃない」と言う。仕事のやりがいも大事だと口をそろえる。しかし、ほんの少しでも「お金のためだから」という割り切りがあるとしたら、それは自分の

第4章
挫折感で立ち直れないあなたへ

人生の大切な時間を失っていることにならないだろうか。

人生の中で多くの比重を占める仕事に、割り切りや諦め、虚しさが忍び込んでしまっては、自分に与えられた時間が砂時計の砂のようにどんどん抜け落ちていく。

仕事には埋没したほうがいいというのが、私の基本的な考え方だ。特に若い人たちは、埋没できる仕事を選ばなくてはいけない。仕事にのめり込む中で、人も磨かれていく。

若いうちからワークライフバランスを気にしているとしたら、仕事の選び方が間違っているかもしれないと、一度考えてみる価値はある。

お金のためではなく、人としての責任と誇りを持ちながら、仕事に埋没する。仕事人間といわれようが、ワーカホリックといわれようが、やりがいのある仕事なら一心不乱に没入するべきだ。私生活と切り分けていては、エネルギーが分散してしまう。

人生で与えられた時間は、けっして無限ではない。一日二十四時間、まっすぐに仕事に向き合ってもいいのではないか。

やり切った感

——何かを成し遂げたときの無上の喜び。ただし、一瞬で消える。

精も根も尽き果てて味わう「挫折感」。
精も根も尽き果てたあとの「やり切った感」。
体力も精神力も使い果たしたあとにある、まるきり違う二つの心。
この違いは、はたして「結果」の違いだろうか。
しかし、結果がともなわなくても、やり切った感を手にすることもあるはずだ。
挫折に打ちひしがれる人と、やり切った感を手にすることができる人。
いったい何が違うのだろうか？

第4章
挫折感で立ち直れないあなたへ

やり切ってこそ、新たなスタートに立つことができる

物事を成し遂げたあとの満足感は確かにある。だが、私の中では、結果に対する達成感はあまり重要な言葉ではない。何かを成し遂げた結果が大事なのではなく、プロセスにこそ人生の真実があると考えるからだ。

プロセスを全力でやり切ることが重要なのだ。

望んだ結果がともなわなくて、途中で挫折した人と、最後までやり切った人とでは、残るものにどんな違いがあるのか？

具体例を挙げながら考えてみよう。

たとえば、あなたが高校生でクラブ活動でテニスを始めたとしよう。

テニス部の練習はつらい。ランニングや筋トレばかり。そして素振りのくり返しの毎日。いつまでたってもボールを打たせてくれない。やがて面白くなくなってやめてしまう。テニス部に退部届けを出した。

挫折感が残る。打ちひしがれた心や無力感。負い目のような意識。マイナス面はい

ろいろある。

しかし、救いもないではない。

振り返ってみれば、この経験はけっして無駄ではなかった。自分なりに努力はしたし、いい経験もできた。それはそれで良かったし、今回の経験は人生の中で何らかの意味があるだろう。そう考えることもできる。

だが、挫折して得られるものはここまでだ。


一方、やり切った感のほうはどうか。

三年間、全力で頑張ったが、結局は試合ではレギュラーになれなかったとしよう。大会で華やかな活躍をする夢をかなえられなかったという意味では、途中退部したケースと同じように結果はともなわなかった。

しかし、つらい練習を乗り切り、三年間やり続けた経験から得たことは何だろうか。

いろいろ列挙することができる。

三年間やり切ったという自己肯定感。

くやしさを乗り越えてきたという自覚。

ライバルを支え、励ましてきたチームワーク。

テニスを通してできた生涯の友達関係や友情。

さまざまな遠征を通じて得た、校内を越えた人間関係。

体力と精神力。

学校生活での勉強以外での充実感。

スポーツへの理解と意味づけ……。

こう並べてみると、テニスというスポーツを三年間やってきた経験以上のたくさんの財産が残ったことがわかる。やり切りは、その事象を飛び越えて大きな広がりを見せ、さまざまな恩恵を人生に与えてくれる。

途中退部との違いは、たんに部活を続けた期間の違いではない。そのプロセスで獲得できたものの深さが決定的に違うのだ。

◎やり切っての挫折感がエネルギーになる

だから、何かにつけ中途半端なのは良くない。何か一つでも二つでも、人生の中でやり切っていくことができれば、大変な恩恵を受けられることは間違いない。

挫折は何度してもいい。それは、前に進む人間の宿命ともいえる。

心が折れそうな挫折感だって何度味わってもいい。人間、そんなに強いわけじゃないのだから。

事を成し遂げた達成感そのものが大事なのではない。達成感など一瞬のものでしかないからだ。

やり切るとは、あるゴールまでやり続けてきたことを、いったん区切るということでもある。

やり尽くして、一度切る。だから、新たなスタートに立つこともできる。

とことんやり切って挫折したのなら、まったく苦にすることはない。「次」に向かうエネルギーになるからだ。

第5章

輝く未来を持つあなたへ

自分の救済

——弱った自分がいたら、何が何でも立ち直らせる自助努力。

自信を失い、膝をかかえている自分。孤独の中に身をひそめている自分。
本気になれず、うつうつとしている自分。挫折感に打ちひしがれている自分……。
そんな自分を救うのは、
やはり自分しかいない。
あなたには、自分を救う力があるのだから。
自分がハッピーになれずに、誰を幸せにすることができるだろう。
暗闇の穴にひきこもる自分に檄を飛ばせ！　勝負はこれからだと。

第5章
輝く未来を持つあなたへ

自分を幸せにできない人間は、人を幸せにすることもできない

自分を大切にできない人間は、人も大切にできない。自分が幸せになれない人間は、人を幸せにすることはできない。

これは私の持論である。ジャパンハートのスタッフにも、ことあるごとにそう伝えている。

かつての私は、それとは真逆の毎日を送っていた時期がある。ミャンマーで医療活動を始めた頃だ。

押し寄せる患者たちを前に、少しでも多くの人のためにと、朝五時から夜の十二時まで、心と体に鞭打って働いた。わずかな時間の睡眠をとっているときにも、うまくいかなかった患者の夢を見た。

当時は三〇歳くらい。若さで何とか持っていたようなものだ。

しかし、あるときからいつも自問していたことがある。

「自分はこれで本当に幸せなのか」「これが自分のやりたかったことなのか」

やがて出てきた答えは「ノー」だった。

多くの人に少しでも幸せになってほしいと奮闘しているのに、心がどんどん痩《や》せていく。本当は、人を救うことで自分が幸せになりたかったはずなのに、その自分に幸せの実感がない。

なぜか？

数量に支配されていたからだ。とにかく多くの人を救いたい。力の及ぶ限り、多くの人に救いの手を差し伸べたい。そんなふうに数量ばかりに気をとられていた。

なぜ、助けても助けても、幸せになれなかったのか？

それは、幸せとは量的な概念ではなく、質的な概念だからだ。

患者を幸せにと願いながら、実は患者の人生の質にまで踏み込めていなかった。患者のこれまでの人生を受けとめ、これからの人生の質を少しでも良くするために、どのように患者と向き合い、治療を施していくべきか。その視点が欠落していたのだ。

そして、人の人生の質をないがしろにすることは、自分の人生の質からも目をそむけることだと気づいた。だから、自分自身の幸せを実感できないのだ。

以来、私の医療活動の基本スタンスは、量から質へと大きく舵を切ることになる。

それが、現在の「命が救われなくても、心を救う医療を」という考え方の根っこにもなっている。

◎自分の「〜したい」という欲求に正直になる

「人のために役立ちたい」と考えるのは悪いことではない。その思いを実際に行動に移すことができれば、すばらしいことだ。

だが、「人を救う活動や行為は誰のためか」と問われたときに、「世のため、人のため」という人間を、私はあまり信用しない。

社会的な貢献活動も、あくまで自分がやりたいからやっているのだ。やったことが結果として社会に役立つことにもなるが、最初の動機は、自分がやりたいことをやって満足感を得たいからだ。

私自身の海外医療活動も、「困っている人がいるから、やらねばならない」と義務感を背負っているわけではない。海外で困っている人がいる現状を自分が見過ごすことができないから、医療活動をやっている。

つまり、自分がやりたくてやっているのだ。

自分を大切にするというのは、自分の意思でやりたいことを追求することだ。

そのプロセスで、人は幸福感を持つ。

それが量ではなく、質が大事であることに、私はミャンマーで気づいた。

誰にも自己愛がある。自分を大事にしたいから、自己肯定感に包まれた人生を送りたいと願う。それが心地いいことを知っているからだ。

人のために尽くすのも、その人が喜ぶ姿を見ると、自分が心地良くなることを知っているからだ。

人生の選択

――もし何もしなければ、自分の可能性のすべてを失う決断。

人生は選択の積み重ねだ。明確に意識していなくても、
選んだ道と、選ばれなかった道が必ずある。
そのくり返しが人生だ。
選んだ道が正しいかどうかは、すぐにはわからない。
しかし、選択のあとに待っている負荷とリスクに、怖気づいてはいけない。
選択の躊躇や先延ばしは、未来の可能性を一つずつ潰してしまう。
たとえ力不足でも、いまの自分の選択こそ、可能性を広げるのだ。

自分の人生に深く関与するなら、選択と決断に躊躇しない

誰しも輝かしい未来を持ちたいと思う。だが、その未来をつかむために、困難に立ち向かう決断をしなければならないときがある。人生は、選択にかかっている。

生きていれば二度や三度は、必ずそういう場面が訪れる。受験や就活など、期限が決まっていることは、否が応でも、ある時期に決断を迫られる。しかし、中には期限は自分次第という選択も多くある。

そのときに「先延ばし」という事態が起きる。準備が必要、まだ時期尚早といろいろ言い訳を考えて、結論はしばらく現状維持。しかし、その「しばらく」の間に人生が劣化していくことに本人は気づかない。

そのときがどんなに良い状態であれ、現状維持は、衰退の始まりである。

下降の傾斜はどんどん強くなり、人生はあっという間に劣化する。

人生の劣化は、未来の可能性を潰すことになる。選ばれなかった選択肢の残骸を、人生に積み上げていくことだ。やがて「私にはこの道しかなかった」と、望まない人生を歩んだ自分を慰めることになるのだ。

第5章
輝く未来を持つあなたへ

◎動きながら考え、考えながら動く

いまの自分には実力がないからと、選択を先延ばしにするのはよそう。先々が不安だからと二の足を踏むのは、時間の浪費でしかない。

自分の未来は可能性に満ちていると信じていないのか。そうやって、未来の自分を裏切ってしまうのか。

一〇年後にはどうなっているかわからない。

一〇年という時間をかけたらできるかもしれないと、ほんの少しでも思うなら、いまが決断の時機だ。

動きながら考え、考えながら動けばいい。一年もすれば、明らかに実力がアップしている自分に気づくはずだ。

そして力のついた自分は、より大きな可能性を引き寄せていく。輝かしい未来が近づいてくる。

自分の人生に深く関与したいと思うなら、選択と決断に躊躇してはいけない。

自立と個性

――自分で考え選択できる思考・行動習慣と、それによってつくられる人柄。

あなたは自立していますか？
社会人にそう聞けば、ほとんどの人は「イエス」と答える。
中には、自立の意味を経済的自立としか考えない人もいる。
しかし、自立には精神的自立も当然、含まれる。
それを、たんなる「気概」と勘違いしてはいけない。
生き方の姿勢として、日頃の行動習慣として、自立ができているか。
実は、そこが一番問題なのだ。

第5章
輝く未来を持つあなたへ

組織にいても自立的であるために自問自答を怠らない

私が考える自立的な人間とは、自分の頭で考え、自分の意思で道を切り開き、責任を背負って生きていく人間のことだ。

会社に属しているからといって、けっして非自立的というわけではない。独立開業しなければ自立が果せないというわけでもない。組織の中でも、オリジナリティのあるアイデアで、仕事を遂行していくことはできる。

ある程度のポジションに就けば、組織の力を背景に、個人ではとてもできないようなプロジェクトを、大きな責任を担って成し遂げることもできる。

ただし、つねに自問自答を怠ってはならない。自分は何のために働いているのか。会社の事業が、どんな人の生活に役立っているのか。社会にどのように貢献しているのか。利益は社内外にどのように還元されているのか。そして、その会社の事業で、自分はどんな役割を担っているのか。

その答えの自覚が、会社に属している意味を大きく変えていく。

自覚が薄いときは、要注意だ。もともと企業は、利潤を追求することを目的としている。利潤追求の論理や組織防衛の論理が、個人の生き方の価値観とぶつかることは当たり前にある。

そのとき、一歩引いて組織の論理と対峙し、そして調和できるか。ここが、組織にいながら自立的な人間でいられるかどうかの大きなポイントになる。

ときには、自分が負えないような大きな責任を押しつけられることもある。いざというときは、辞表をポケットに忍ばせて、上司と向き合わなければならないときもあるだろう。その覚悟を持ったうえでの、対峙と調和だ。

◎組織の〝寄生虫〟になってはいけない

仕事のやり方そのものに、自立性が問われる場面も多々ある。これは一般企業に限った話ではない。医療界でも、ＮＧＯの世界でも同じことだ。

上司に言われてからでないと動けない。丁寧に細かく指図されないと、仕事が進められない。指示されたことだけをこなしていれば十分だと考える。自分から仕事をつくろうとしない。責任をとりたがらない……。

これらはすべて、非自立型人間の典型だ。彼らは、自分が組織にいる意味もそれなりに感じているだろう。おそらくは、お金のためや、生活のためかもしれない。しかし、その〝意味〟は、生きがいを持って働くという、仕事の本来的な意味とはまるきり異なる。

自立的な仕事ができる人間は、まず自分の判断で動き、同時に、その行動が組織で求められていることと合致しているか、それを動きながら考える「動体思考力」を持っている。

指示や命令を待って動くのではない。動きながら待つ。動きながら調整する。攻撃しながら防御もする武道の極意と同じだ。

そういうことができる人間は、組織にいても間違いなく個性を発揮できる。

組織に属しているから没個性になるのではない。組織にいても個性はいかんなく発揮できる。自分にしかできないこと。自分流の仕事の進め方。自分ならではの顧客との接し方。そんなオンリーワンがあれば、大勢の中でも「特別な能力を持った個人」として、自立的な働き方ができるはずだ。

自分の頭で考え、自分で道を切り開く自立性とは、生き方の個性そのものだ。

未来の自分

——やさしくも、冷徹な目であなたを見つめる存在。

「あなたの未来は輝いてる。私が保証する」と言われて、
その言葉が一番信頼できるのは誰だろう。親か、恩師か、親友か、最愛の恋人か？
実はもっと信頼できる人がいる。未来の自分だ。
迷ったときには適切なアドバイスをしてくれ、弱っているときは叱咤《しった》激励もする。
夢を語れば、「私についてこい」とエールも送ってくれる。
心強い味方であり、親愛なる友。そして——、
交わした誓いには、厳しいまなざしを向ける同士でもある。

第５章
輝く未来を持つあなたへ

未来の自分を信じられない人間に、良い未来はあり得ない

将来こうなりたい。こんなふうになっていたらなぁと思い浮かべる自分の姿。そんな「未来の自分」を、あなたも想像してみることはできるはずだ。想像してみて、たとえぼんやりとでも頭に浮かんだその人こそ、いまのあなたとは切っても切れない絆を持つ未来の自分だ。

一年後の自分か、五年後の自分か、あるいは一〇年後の自分か。あなたが何をしたいのかによって、未来の自分の姿は異なってくる。

たとえば、いまあなたは苦労が予想される道に進むことを躊躇しているとしよう。しかし、挑戦した道の延長線上には、苦労を乗り切った先の自分がいる。

その未来の自分に聞いてみるといい。「いま、私は一歩踏み出すべきか」と。「行くしかない。いま動かなくては、私にはなれないのだから」と未来の自分が答える。望みを成し遂げた自分に聞いているのだから、「ここは少し自重しろ」なんて言うはずはない。「絶対うまくいく」と必ず太鼓判を押すだろう。あなたにとっては心強い存在だ。

◎一年後、二年後の自分をいつも想像してみる

多くの人がわかっていないことがある。

いまあなたが、何かの挑戦をためらっているとしよう。それは、地上ゼロメートルから三〇〇〇メートルの所を見上げて感じている感覚だ。しかし、もしあなたが、いま挑戦を始めるならば、一年後は一〇〇〇メートルの地点にいる。その場所から見る景色は、一年前と同じように、高く無理な挑戦と感じるだろうか。

そうではないと思う。一年前の自分とは比べものにならないほど、あなたは一〇〇〇メートル登った自信によって飛躍的に伸びた力がすでについているのだ。

三〇〇〇メートルの山を登ろうとするとき、いまの自分の実力で、未来の可能性を判断してはいけない。

未来の自分をいつも想像することだ。

もし、未来の自分が「できるかもしれない」と答えているなら、不安を抱えながらも前に進んだほうがいい。

未来の自分を信じることができない人間に、望む未来は訪れない。

自分との勝負

――いま逃げてしまったら、一生、後悔することになる闘い。

人生には勝負時《どき》というのがある。
予期せぬときに、予期せぬ形で、その勝負は訪れる。
それまで背負ってきた価値観や常識をかなぐり捨てて、
自分の弱さや不安とも真正面から向き合わなければならない。
準備不足、知識不足、経験不足……。そんな言い訳は通用しない。
一歩を踏み出す勇気さえあれば、勝負はできる。
闘う相手は、いまここにいる自分に他ならない。

たとえ力不足でも、いまある力で勝負する

医療者としての私の勝負時を挙げるとすれば、やはりミャンマーで手術をすることを迫られたときだ。前にもふれたが、私が医療活動のために初めてミャンマーを訪れたとき、現地で難しい手術をすることは想定外だった。無医村の村を訪ね、診療や薬を処方するのがおもな仕事と考えていた。

ところが、日本人の医師が無料で診療してくれることを聞きつけた人たちが、次から次に診療所を訪れるようになった。二、三日もかけてやってくる人も大勢いた。

あるとき、やけどの後遺症で手が脱臼した子どもがやってきた。しかし、診療所といっても掘っ立て小屋のような不衛生きわまりない家屋で、しかも満足な麻酔設備もない。私は断らざるを得なかった。またあるとき、口唇裂の子どもが母親に連れられてやってきたが、それも同じ理由で断った。

心は揺れる。自分が患者を追い返したことへの後ろめたさから逃れるかのように、何人ものミャンマー人スタッフに聞いた。

「一〇年後でも、二〇年後でも、いや一生のうちどこかで、彼らは手術する機会を得

ることができるのだろうか」

「いつかは……」、せめてそんな答えが返ってくるのを期待していた。しかし、スタッフたちは口をそろえて「それはない。一生、ない」と言った。

貧しさゆえに、手術をする機会は一生訪れるはずはないと……。

それから数日後。夜、眠れないでいる私の心の中で、誰かがささやく。

「彼らは、最後の望みを託しておまえを訪ねてきた。おまえは、あのような人たちを救うために医者になったのではないか？　おまえは救えるかもしれない人たちを前にして、尻込みしているだけじゃないか」

そのささやきを、西洋医学の常識を背負ってきた一人の医師が聞いていた。

このまま立ち止まるべきか、先に進むべきか。勝負を迫られていた。

「何もしなければ、何も生まれない。戦わなければ、勝つことはない。どんなにうまくいっても、引き分けしかない」

今度は自分が、自分に問いかける。葛藤はすぐに消えた。答えはもう決まっていた。

「明日からは、同じような患者が来ても絶対断らない」と。

リスクを避けようとする自分との闘い。その決断は、その後の活動の方向性を決めた大勝負でもあった。

◎勇気を持って踏み出せば、道が一気に開ける

一度、鬨《とき》の声が上がると、あとは前進あるのみ。

村の職人に頼んで、畳一畳くらいの木の手術台をつくってもらった。スタッフとともにバスで十五時間ほどの町に出かけ、手術に必要な器具や薬を一つひとつそろえていった。そして、手術受け入れが始まった。

あれから二〇年の歳月が流れ、数万人の人たちが私の手術を受けた。

いくつか気づいたことがあった。

一つは、勝負するときは、いまある力で勝負しなければいけないということ。

当然のことのように思えるが、人は、自分にはいま十分な力がないからと、勝負を先延ばしすることがある。勝負を避けるために、できない理由をいろいろ探す。

それをくり返すうちに、勝負の機会は一生遠ざかってしまう。

力は、勝負しながらでもつけていくことはできるのだ。勝負するうちに、自分に足りないものに気づく。技を習得していくこともできる。

第5章
輝く未来を持つあなたへ

そして、もう一つ。**たとえイチかバチかの勝負であっても、意を決して打って出れば、事態が一気に好転していくことがあるということ。**

それは、勇気をたたえる神のお恵みのようなものだ。

現地での手術を始めてから、私には、自分の歩むべき道が一気に開けた。ゆるぎない確信とともに、前に進む覚悟ができた。モーゼの出エジプトではないが、まさに目の前の海が開いて、その道を突き進んでいくような感覚だった。あのとき勝負から逃げていたら、多くの患者たちの未来も、いまの自分の姿もないと思う。

未来を思い描くときに、その前に立ちはだかる困難に、自分の目を曇らせることがある。

しかし、歩む方向が間違っていないと思えば、勇気を持って新たな一歩を踏み出さなければならない。歩めば道はできる。いまは弱々しい足取りでも、長い歳月をかけて一歩一歩踏みしめ、やがて多くの協力者を得たときに、後ろには太い確かな道ができているはずだ。

特別な存在

――誰よりも光り輝いている存在。あなたのこと。

自分の足で一歩を踏み出せば、もう自分探しの必要はない。
答えは全部、自分の中にあるのだから。失敗や挫折に打ちひしがれ、
孤独に陥り、本気になれない自分がいたことも、すべては必然となる。
そしてやがて、自分が特別な存在であることに気づくだろう。
あなたは宇宙の中のたった一つの星かもしれない。
しかし、他のどの星よりも間違いなく輝きを放ち、宇宙のどこから見ても、
その星の在り処《か》を確認することができる存在なのだ。

第5章
輝く未来を持つあなたへ

身の丈の一歩が、光り輝く道への始まり

自分はいったい何をやりたいのか。それを知るための心の放浪を「自分探し」と言う人がいる。

「自分は何者か」なんて、誰かが教えてくれるわけではない。どこかに行けば、わかるものでもない。チルチルとミチルが探しまわった「青い鳥」と一緒で、結局、自分の一番身近なところにある。

そう、自分の心の中だ。

だから、本当は探す必要なんかない。教えてもらう必要もない。ただ、ひたすら自分を見つめ続けるだけだ。

ただ、一生かかっても、納得いく答えはおそらく得られないかもしれない。それは、鏡に映る自分の容姿が、本当の自分かどうか、けっして確かめられないのと同じだ。

だから、あてどなく自分を探すより、自分に何ができるか、何をしたいのか、それを本気に考え抜くことが大事なのだ。

いまできることは、とにかく動くこと。あなたの目の前にある一番の課題に全力投

球することだ。

自分がいままで身につけたものをすべて吐き出す覚悟が必要だ。知力も、体力も、気力も、財力も。どんどんアウトプットしていかないと、自分を見つめる感性が鈍る。息を吸うのはあとだ。とにかく、吐く。

大切なのは、一つひとつのチャンスを逃さず、一つひとつの出会いを大事にし、自分のいまの力で、いまできることを積み上げていくことだ。

あくまで身の丈のやり方でいい。身の丈であっても、依存せず、頼らず、自立的な判断と行動をし続けることで、人は「特別な存在」に変わっていく。社会や組織の一員にすぎないけれど、その中でキラリと光を放つ存在になる。

自分を信じなければならない。

つなぐDNA

——血のつながる子孫だけでなく、他人にも刷り込まれるあなたの記憶。

あなたの一生は、自分のDNAに刷り込まれる。
そのDNAは子や孫へ、未来の世代へとつながっていく。
自分の子孫だけではない。血縁のない人にも「あなた」は受け継がれる。
あなたのことは、あなたが深く関わった人々の記憶に刻まれ、
その人たちのDNAに乗って、連綿と受け継がれ、広がっていく。
苦闘する姿、やさしい笑顔、頼もしい後ろ姿……。
それらが織りなすイメージが、DNAに乗って旅を始める。

熱い思いは、赤の他人のDNAにも刻み込まれる

「DNAの連鎖」には、二通りの意味がある。

一つは、生物としての「遺伝的な連鎖」。親から子へ、子から孫へという、縦に連なる血のつながりである。子や孫が複数できれば、子々孫々と続いていくほどにDNAの連鎖は横の広がりも持つようになる。

もう一つは、人としての「精神的な連鎖」。一人の人間の思想や哲学、考え方、感情、経験、技術などを通じて、ある人の精神として形成されたものがDNAに刻まれて受け継がれていく。

この精神的な連鎖は、親子間のような血縁関係の中でも生じるが、遺伝的な連鎖と決定的に違うのは、拡散の仕方の大きさである。同時代の社会的な広がり、時代を超えた歴史的な影響というように、横にも縦にも連鎖は広がっていく。

人々から支持された思想家や哲学者、宗教家などの精神は、同時代の世の中に一気に広まり、その精神的DNAは時代を超えていまに連なっている。

精神的なDNAの連鎖は、家庭でも、企業や団体でも、社会のあらゆるところで発

生する。まわりを巻き込む力のある理念や考え方は、最初はある集団の中で、やがて集団の枠を越えて社会に拡散し、次世代へと引き継がれていく。

ジャパンハートというNPO組織の中にも、精神的な意味でのDNAがある。そのDNAを同時代的にいかに拡げていくか、あるいは時代を超えてつなげていくかは、私の使命のひとつだと思っている。

実は、精神的なDNAの連鎖は、けっして抽象的な意味ではなく、DNAの遺伝的な連鎖にも影響を与えるのではないかと私は思っている。

受け継がれる精神や哲学とは、突き詰めれば、ものの考え方の記憶に他ならない。ある人の記憶がDNAに乗せられ、引き継いでいくということだ。

つまり、理念や哲学は、血のつながり、命のつながりを通じても運ばれていくこともあり得るのだ。

◎人は、いつのまにか刷り込まれた記憶で動かされるときがある

初対面であることは間違いないのに、その人とどこかで会った気がして仕方がない。あるいは、会った途端に一目ぼれしてしまう。そんな経験はないだろうか。

私にはどちらの経験もある。

いずれも中学生のときだが、前者の経験では、二人のクラスメートに対して、前にどこかで会った感覚を抱いた。念のため、その二人に聞いてみたら、いずれも「そんなことはない」と否定された。

そして、後者のほうは、私の初恋である。実は、なぜ彼女を好きになるのか自分でもわからなかった。自分なりに好みのタイプはあったように思うが、その基準とは関係なく心が惹《ひ》かれてしまった。


当時は不思議で仕方なかったが、ずっとあとになって、こう考えるようになった。

いずれも、記憶の刷り込みがなせるわざではないかと。

私の顕在的な記憶にはないが、物心つく前に、似たようなタイプの人に会っていて、そのときの「快」の記憶が、相手の姿形の情報が刺激となって、呼び戻されたのではないか。

似たタイプの人にやさしくされたのか、アメの一つでももらったのかはわからないが、とにかくその人の姿形のイメージと快適な心理が、記憶の貯蔵庫にしまい込まれていたのだろう。その記憶情報が、視覚情報と反応して、電気信号となって脳細胞の間を駆け巡ったのではないか。

人は、無意識のうちに刷り込まれた記憶によって動かされるときがあるのだ。

◎一人の一歩が、社会や歴史を動かす力を秘めている

刷り込まれた記憶は、影響を与えた同時代の人の人生で何度か発現することもあれば、その人物の子どもや孫の世代で、何かの拍子で発現することもあるかもしれない。

そう考えれば、遺伝的な連鎖とともに、DNAに記憶として刻み込まれた精神的な情報もまた途切れないことになる。遺伝的にも、社会的にも、DNAの情報は甚大な影響力を持つことになる。

あなたも、自分のDNAを、遺伝的につながるわが子だけでなく、血のつながらない人たちの子や孫にもつなげていくことができるのだ。

偉大なる哲学者や宗教家、政治家のように、多くの人たちに影響を及ぼすことはなくとも、同時代に生きるたった一人を救うだけで、あなたの行動は、本人や、家族・親族などまわりの人の記憶に残り、その記憶を乗せたDNAが、さらに子ども世代へ

と受け継がれていく。

あなた自身の記憶も、いま踏み出そうとしている新たな一歩の記憶だけでなく、自分が生まれた意味、存在した理由、この世に生きた証、それらすべての記録がＤＮＡに情報として刻み込まれ、引き継がれていくのだ。

そしていつの日か、どこかで、見知らぬ誰かの行動を、時空を超えてうながすことになるかもしれない。


一人の勇気ある一歩が、同時代の社会を動かし、その後の新たな時代をつくっていく可能性もある。もしかしたら、あなたの一歩が、それだけの力を秘めているかもしれない。

一〇〇年後の命

——あなたがいない未来で生き続けている、あなたの存在。

「一〇〇年後の命」というものを想像してみる。
自分の命ではなく、あなたの子どもや孫の世代の命だ。
その命を、肌で感じるように想像できるだろうか。
あなたのその生理的な反応が、誰かの心を動かすかもしれない。
そして行動をうながし、ひょっとして世の中をも動かし、歴史をつくるかもしれない。
想像してみてほしい。いまこの世にない命を。
あなたの生理感覚が、一〇〇年後の命とつながっている。

生理感覚で、「未来の命」を受けとめる

なぜ、海外で医療を行ったり、がんの子どもやその家族と関わったり、あるいはエイズ孤児や貧困の子どもたちの施設「ドリームトレイン」を始めたのか。

これまでの自分を振り返って、ふと思うことがある。

その意識や行動の原点にあったのは、間違いなく私の生理感覚だ。生理で私は動かされていた。

たとえば、わずか一〇歳、十二歳の幼い子どもたちが三万円足らずで売り飛ばされ、国境を越えた地で売春をさせられる。強要された初めての日、彼女たちの前にいるのは、見知らぬ大人。それは、外国人かもしれない。

その夜の一部始終の光景を、私は生理的に許容できないのだ。あってはならないことだと、心が嗚咽《おえつ》する。そんな現実を受け入れてしまうと、自分自身も、自分の存在もすべてが揺らぎ始めるのだ。

同じように、病気で悲しみ続けている幼子たちをそのまま見過ごすことも、私の存在そのものを根底から揺るがす。

──そんな現実は、消し去ってしまいたい──

それは、まぎれもなく私の生理感覚だ。

私自身の生理に従い、始めた活動に迷いはない。食物を口に入れるのに迷いがないように。空気を吸うのが当たり前のように。

生理的な反応は、私の存在を守るための「生命の営み」となる。だから、救う活動はやめない。自分自身のためにやっている活動だからだ。

子どもたちの口に食べ物を運ばなくてはいけない。二度とあの過酷な境遇に返してはいけない。子どもたちだって、自分がどうして「ドリームトレイン」という施設にいるか、よくわかっているはずだ。たとえ三歳や四歳の子どもでも、きっと理解している。その心を、母親のように胸元で温めてあげたい。

◎人生の意味は、命がつながっていくということ

子どもたちは、重篤《じゅうとく》な病気やエイズで死ななければ、将来、結婚もして、自分の子どもを持つだろう。その子どもは、私が死んだあとも生きているに違いない。そして、さらに新しい命を授かるだろう。

一〇〇年後に、命はつながっているのだ。自分がいない一〇〇年後の世界に、救った命の系譜が存在する。

血がつながっていなくても、私のDNAは、彼ら、彼女たちの命の中に受け継がれている。私はそう信じている。

自分が死ぬときは、誰からの賞賛も、見送りもいらないから、その子どもたちのまたその子どもが無邪気に遊ぶ姿を、誰にも気づかれずにそっと遠くから見ながらこの世を去りたい。

人の生きた意味は、命がつながっていくことだと思う。

日本的善心

――日本人としての善き心、または人として歩むべき道。

次代につなげるべき精神性の中に「日本の心」がある。
和を重んじ、互いに助け合う心。日本人が美徳としてきた
共助の精神が、あなたのＤＮＡにも受け継がれていると信じる。
富者の使命としての奉仕ではなく、貧者の一灯こそ、
これからの世界にはきっと必要になると思うから。
地位も肩書きも宗教も、経済的な格差も関係なく、互いに手を差し伸べ合う。
それが、日本人ならではの「善き心」だ。

どんな相手とも分け隔《へだ》てなく「同じ目線」で向き合う

「日本の心」とひとくちに言っても、人によってとらえ方が違う。ある人は「和の精神」だと言い、またある人は、「武士道に行き着く」と言う。

それぞれが正しいのだろうけど、私のとらえ方は、また少し違う。たとえば、日本人はこんな話に心を動かされないだろうか。

昔、殿様がいて、ある年、凶作となって城下の村々が飢饉《ききん》にみまわれた。

村人の窮状《きゅうじょう》を聞いた殿様は、自分の目でも確かめようと、家臣を連れて馬を走らせた。農地が広がる村にたどり着くと、惨憺《さんたん》たる光景。村人の姿も見えず、ひっそりと静まり返っていた。

あちこち視察するうち、殿様は少しのどが渇いた。どこかの農家でお茶の一杯も所望できないかと家臣に聞くが、家臣からすれば、殿様を見苦しい農家の軒先などには連れていきたくない。

家臣は近隣を馬で駆け回り、一番見栄えのいい農家に殿様をお連れすることにした。

「お茶を一杯献じてくれぬか」と家の亭主に言うと、いったん亭主が引き下がったあと、娘がうやうやしく湯呑みを盆にのせて殿様の前に差し出した。

緊張のあまりか、娘の手が震えている。

そのとき、家臣は湯呑みを見てハッとする。どう見てもお茶ではない。白湯《さゆ》なのだ。家臣は「無礼者！」という言葉がのどから出かかったが、殿様は悠然として湯呑みを口に運び、白湯でのどをうるおすと、穏やかな顔でこうつぶやいた。

「うまいお茶である。馳走になったな」

その言葉を聞いて、家臣は自分の不明を恥じた。殿様は、お茶っ葉も手に入らないほど窮状を極めた農家に思いを寄せて、礼を言ったのだ。

◎人として成長をしていく際の精神的な支柱にもなる

私は日本人が大切に受け継いできたメンタリティーのひとつに、「水平の共助精神」があると思う。互いに相手を慮り、助け合う。立場の違いや経済的な格差があったとしても、手を差し伸べるときは、けっして上から目線ではなく、同じ高さの目線で向き合う。

先の殿様の態度には、たとえ身分の違いがあったとしても、民に寄り添う心があった。農家の娘の恥じ入る気持ちは痛いほどわかるからこそ、白湯をお茶と言い礼を述べたのだ。娘の覚悟の嘘に、自分も思いやりの嘘を重ねる。同じ立場に立たなければ、この温情は生まれない。

日本の心としてもっとも象徴的なのは、こんな、誰とも分け隔てなく接する水平の共助の心ではないだろうか。

共助ではあるけれど、「共に助ける」ことは必要としない。一方的に施しをすることもいとわない。相手に見返りも求めない。

「お互い様」という言葉は、字義通りの意味で言っているのではなく、あくまで、相手へのいたわりである。

共助を装いながらも、尽くす思いは奉仕なのだ。

医療奉仕団として名称を「ジャパンハート」としたのは、これからの世界に必要になる「日本の精神性」を医療活動を通じて国内外に発信したいからだった。「ハート」に託す思いは、そんな日本の精神性を発信する中心でいたいという理想だ。

身分の差はもちろん、経済や宗教の差もなく、どんな相手も同じように大切にして、患者の話に真摯《しんし》に耳を傾け、患者の境遇に向き合う。私たちスタッフが共有しているのは、患者と一体化する「合する心」と言ってもいいかもしれない。

それを平たく言えば、「同じ目線」ということになる。

上からではなく、同じ立ち位置で目の前の人を救う。これが、他国にはない文化として、一人ひとりの日本人がメンタリティーとして根づかせてきた日本の心ではないかと思う。

その水平の共助は、仏教でいうところの「善心」に通じる。人として歩むべき道だと私たちは考えている。

日本的善心はあなたの血にも流れている。DNAのどこかの配列に組み込まれているはずだ。医療の国際貢献の現場だけでなく、日本の国づくりや人づくりにも欠かせないのが、この日本的善心ではないかと思う。

救いの循環

——生きている意味を確認することができる、創造主の用意した摂理。

弱っている自分を奮い立たせ、新たな一歩を踏み出せば、
自ずと、人生の選択と決断を迫られる機会が訪れる。
そこでけっしてひるんではいけない。
自立的な「個」を確立するチャンスはそこにある。
未来の自分を信じ、自分との勝負に打ち勝たねばならない。
けっして背伸びをする必要はない。いまある力で闘い始めるしかない。
その苦難の闘いに勝利したとき、あなたは特別な存在になる。
自分の足跡を、自分の思いを遺伝的にも社会的にも

DNAに乗せて伝えていくことができる。
自分の命なきあとの一〇〇年後、二〇〇年後も輝く星として
「未来」を手に入れることができるのだ。
そう思えば、あなたの中で息づいている
「日本的善心」を発揮できるに違いない。

自分自身を暗愚の穴から本気で救い出したいと願う人間は、
人を救うことを考え始める。
かつて「まさか自分が」と思っていた人も、その道を歩み始める。
人はなぜ、人を救うのか。
人を救うとは、いったい何を意味するのか。
そこには、創造主が用意した摂理が仕組まれている。
雨が山から川に流れ、海から再び天に戻るように、
人の心と命を潤す「救いの循環」があるのだ。

社会を癒そうとする者は、社会に大切にされる

ミャンマーで最初に医療活動を始めたとき、当時所属していたＮＧＯから「七〇〇ドル程度の給料を出す」と言われた。

私は最初、受け取りを拒否した。

医療支援活動は、もともと自分がやりたくて飛び込んだ世界だ。自分が好きでやっていることなのに、それを労働として対価が支払われることに釈然としなかったからだ。自分の人生の価値が、お金に置きかえられるような内部感覚があった。

「ルールだから受け取れ」「いや受け取れない」と押し問答がしばらく続いたが、私のほうが折れて、受け取ることになった。ただし、そのお金には一切手をつけず、現地で新たに建てる診療所の資金として寄付した。

給料をもらわなくても、日本で貯めて持ってきたお金で、現地での生活費は十分に賄《まかな》える。

そのＮＧＯのドナー（支援者）からは、一日当たり一〇〇〇円の食費も用意されていた。しかし、自分の食事は自分で賄う。そこで、その食費を現地の栄養失調の子ど

もたちのために役立てることにした。

巡回診療をしていた地域で一番貧しい村に給食センターをつくり、栄養状態の悪い子どもたちを三十五人ほど選んで栄養給食を始めた。

栄養失調の子どもたちには、つき添いのきょうだいなどもついてくるので、合計で六〇人以上になる。それでも、週に三日、一日二食ずつの食事を全員に用意することができた。

しばらくして、ある現象が起き始めた。無料で診療をしていた患者やその家族が、お礼にと、コメや野菜、鶏肉や卵などを次々に持ってくるようになったのだ。

あっという間に、台所が食料であふれ、最初は現地スタッフに持ち帰ってもらったが、それでも一向に減らない。

そこで、余った食材を市場で売り、その売上代金は新たな薬を買うお金にした。

施す医療とささやかな寄付が、食べ切れないほどの食料になって戻ってきて、その余禄が薬になって、再び患者のために使われる。経済的には貧しい村の中で、心と体を癒すサイクルが生まれていた。

世の中は、このように動いているのだと思った。天に預けた私のささやかな一人分の食費が、三十五人の栄養失調を改善し、患者たちを通して、食べ切れないほどの食物になって私に返り、それが再び貧しい人たちのために循環していく。

重要なことは、この循環の中で誰も不幸になっていないことだ。

ただ誰かが、最初のペダルを踏めばいいだけなのだ。

◎人は「救いの循環」の中で生きている

私たちは、癒しの循環の中で生きている。人間が自然の循環の中で共存しているように、癒し癒され、あるいは癒しの連鎖の中で生活をしている。自分で意識していなくても、いまここにいることが、身近な人にとっては支えであったり、心に安らぎをもたらす。

経済的に困窮していたり、病で弱っている人に手を差し伸べるのは救済行為である。救済は本来、一方的な働きかけだ。見返りを期待するものではない。

交通事故に遭いそうになった子どもを、通りがかった人が自分の命の危険を顧みず救おうとするように。あるいは偉大な宗教家が無辜《むこ》の民を救おうとするように。

第5章
輝く未来を持つあなたへ

救済はつねに一方的な行為である。

しかし、救うことで、救う側に癒しが返ってくることがある。心理学でいう、施しにお礼をしたくなる返報性の原理のことではない。救った相手から直接、何らかの行為で返されるものではない。救われた側が何もしなくても、救った側が「救い」を返されることがあるのだ。他者への「救い」によって、自分が癒される。これが「救いの循環」というべきものだ。

私は、海外の医療活動でそれを実感している。小さな子どもの命を救い、本人や家族が笑顔を取り戻してくれれば、とてもうれしいし、自分がその笑顔に癒されていることを実感する。

さらに、救えない命とわかっていても、手術によって子どもやその家族が少しでも幸せなひと時を持ってくれれば、自分自身が救われた思いがする。

自分が貧しい国で医療活動をしているのは、自らが癒され救われた感覚を味わいたくて続けているのだと、いまでははっきり言い切ることができる。

それが、私の望む幸せの正体なのだ。

もし私のやっていることが、救いの一種だとすれば、私は間違いなく救いを返されている。

救いの循環の中で私は生きているのだ。

そして、もっとも救われているのが私自身だ。

◎自分が先に無欲の手を差し出さなければ恩恵は受けられない

私の感覚でいえば、人を救おうとするのは生理である。人格的な生理であり、それは自己保存の感覚に直結する。

本能的に行われる救いが、自分への救いとなって返ってくる。それもまた、内部感覚としてわかっているから、人は人を救いたがるのだ。結果、救いの循環が生まれる。

その救いの循環の中に、あなたもいる。そういう世の中に生きている。

社会を癒そうとする者は、社会からも大切にされる。

自分のいまある力をどんどんアウトプットすれば、受け取れないくらいのたくさんの恵みを、世の中が返してくれるのだ。

あなたの救いが、世の中を循環するようにもなる。人々の心にも記憶として刷り込まれていく。

循環の起点となるのはあくまであなた自身だ。自らを先に癒し、救ってこそ、循環の輪が回り始める。

呼吸法で呼気をとことん吐き出したあとに、吸気が自然に体に入ってくるように、癒しや救いも、自分が先に無欲の手を差し出さなければ、その手のひらに恵みが添えられることはない。

◎救う力を振り絞り続けることで、人は成長していく

癒しと救いの循環の中で、自分の居所を確かめながら頑張っていた、ある看護師の話をしておきたい。ミャンマーのワッチェ慈善病院で働いていたジャパンハートのスタッフの一人である。

彼女は、ライミョウという十三歳の男の子の看護をしていた。

その男の子は、顔に大きな腫瘍ができ、皮膚を突き破るような状態だった。両足はパンパンに腫れ、胸にも水がたまり、肺や胸膜にも腫瘍が転移している可能性が高か

った。病院ではもう処置のしようがなく、家に帰していた。看護師の彼女には、男の子の家まで消毒に行ってもらっていた。死期は近いとわかっていながらも、私たちは彼に最期まで寄り添いたいと思っていた。

当時、彼女からもらったメールの文面が残っている。私のブログにも紹介している内容だが、ここでは一部割愛して紹介する。

＊

「最近、ライミョウに会えない日が続いています……。

夜にスコールが降ると、翌日、道がぬかるみ、車が動けなくなりますので会いに行けません……。

雨が降り、会えない日にはライミョウは泣いてくれます。

こんなにも雨が切なく聞こえる日はありません……。

ガーゼ交換中に、自分にたかるハエは差し置いて、私の虫刺されだらけの足を、さらに噛まれないように団扇《うちわ》で追い払ってくれます。

お菓子を食べてと、むくんだ手ですすめてくれます。

見送ってくれる時に腕を組んでも、けっして私には体重を掛けません。

第5章
輝く未来を持つあなたへ

あと何回、こうやって一緒に歩けるのかと思うと、
その一回一回が愛《いと》しくて……。
でも、心がちぎれそうです……。
早く会いに行きたいです。
ライミョウに会えて幸せな気持ちを、たくさんもらっているのは私です」

（そして、後日のメール）
「ライミョウですが……歩けなくなってしまいました……。
三人がかりで抱えて立ち、椅子に座るのがやっとです。
……いまじゃ寝て過ごすのがほとんどです。
しかし、私たちが訪問したときは必死に座ってくれ……、
ガーゼ交換の間も耐えてくれます。
座ってガーゼ交換をするのはもう限界かもしれないと思い、
昨日、マンダレーの寺子屋に行った際に、座椅子を探してみましたが、
やっぱりありませんでした。

食事も入らなくなってきました……。
私が訪問して一緒に食べるときしか摂取しないと、お母さんが話していました。
オメプラールを一週間内服したところで、胃痛が軽減したため、
プレドニゾロンを開始してみましたが、胃痛が再燃し……中止しました……。
ライミョウにしてあげられる最後の薬だったかもしれないのに……です。
しかし、今日は二回笑ってくれました。
もう、腫瘍が大きくなりすぎて、顔も腫れ始めて笑いにくくなった顔で、
私の顔を見て笑ってくれました。
そして、マンゴーをフォークで口に運んでくれました。
私が甘いお餅を好きだと言うと、手に乗せてくれました。
肉まんは二人で半分こして食べました。
彼を愛しいと思う気持ちにブレーキがかかりません……。
朝の瞑想時間は、いつしか雨が降らないように祈る時間になりました。
ミャンマーの神様にお願いするために、新しいミャンマー語も覚えました。
『モーマユーバーゼーネ』

雨が降りませんように……」

*

この数日後、ライミョウは亡くなった。

西洋医学は何と無力かと思った。同じような年頃の子を持つ一人の父親として耐えがたい思いに襲われた。

私たちは神様ではない。ときには、無力感さえ感じる。

しかし、救う力を振り絞り続けることで、自分自身が救われる。新たな救いの一歩を踏み出すこともできる。それをくり返しながら、私たちは人として成長していく。

そして、その道程で自分自身が価値ある人間であること、意味のある人生を歩んでいることを知る。

癒しと救いの循環の中で、自分はけっして一人ではないことを知るのだ。

第5章
輝く未来を持つあなたへ

あとがき

あなたは心の底から自分自身のことを信用できているだろうか？

あるいは、自分自身を本当に大切にできているだろうか？


道理として、人は自己の延長線でしか他者を理解できないという事実がある。

自分が痛いとわかるから、他人も痛いのだと理解する。

自分がつらいから、あの人もつらいのだろうと同情の涙を流す。

だから、他人を心から信用するというが、それは自分を信用していない人間にはできない。

本当に家族を大切したければ、まず自分自身を心から大切にする人間になる必要がある。


私がアジアで二〇年間、子どもの医療に没頭し、多くの子どもたちと出会いと別れ

をくり返す中で悟ったことは、この世でもっとも大切にしなければならないものは、たった一つの私のいのちや人生だということだった。

他人のためだと頑張り続けていた頃の私は、いつも苦しみとともにあった。

数多くの患者たちを看《み》続ける中で、肉体の限界は誰でも経験するだろう。しかし、それでもなお心が満たされているということがなかったのだ。

あの頃の私は、幸せという状況からは遠い状態にいた。

どうしてこんなに苦しいのだろう？　と悩み続けた。

このままでは自己が崩壊するという危険すら感じた。

患者のためだからと自分に言い聞かせ、それがすばらしいことなのだと、理性で納得させながら生きていた。

しかし、私はやがて、あることを悟ったのだ。

〝私は、他人の人生は大切にしていても、私の人生を大切にしていない〟

だから、当たり前に自分のこころが苦しみ、悲しんでいた。

たとえ一〇〇万人の人間を救い、幸せにすることができたとしても、たった一つの自分自身の人生を救えなければ、生きている意味などないと悟ったのだ。

病のある人々は、自分自身を救うためにあんなに頑張っている。しかし、私は彼らのためには頑張っていても、自分自身のためには本当に生きていなかった。

〝私は、私の人生を幸せにするためにこそ、生きるのだ！〟

苦しみの果てにようやく、そう悟れたのだ。

最後にもう一つ、大切なメッセージがある。

私の医療活動は、先の戦争の縁からはじまった。

あの当時、私の子どものような年齢の若者たちの悲しい死は日本だけでなく、ここミャンマーでも多くあった。

ミャンマーにある、当時亡くなった数え切れないほどの若者たちの名前が刻まれた慰霊碑は、私にあるメッセージを日本の子孫たちに伝えてほしいと無言の想いを送っている。

そのような大地で私が長年の医療活動を通じて学んだことは、国も人も同じ。事に臨むときには時間が長くなれば長くなるほどに、その基礎にある文化や慣習がものをいうということである。

たとえば、国家の戦争でも個人の挑戦でも、それが短期決戦で終われば、文化や慣習や経済力や資源力、基礎科学などは、結果に大きな影響は及ぼさないかもしれない。

しかし、長びけば長びくほどに、それらすべてがじわじわと現実の戦闘や日々の現実に影響を及ぼし、最終的にはその差こそが大きく結果を左右するのだ。

かつて日本はアメリカやイギリスと戦った。

そして日本は負けた。

私たちは彼らと何が違ったのか？

あの当時、自国民の〝いのち〟に関して、日本ほど粗末に扱った国はあっただろうか？

ほかの国々もけっして大切にしていたわけではない。でも、日本ほどには粗末にはしなかった。

日本はそういう文化だったのだ。

玉砕や無謀な作戦でいのちを落とした日本の若い人々が気の毒でならない。

それからの戦後の歴史の中で、私たち日本人は、その教訓を生かし、いのちに対してどう向き合ってきたのだろうか？

いのちを粗末にはしない、いのちは大切なものだ、という考えは文化である。

二度と過去のようにたくさんの大切ないのちを無駄にしないように、未来に向かって私たちはそういう文化を創っていかなければならない。

私がなぜ、途上国で貧しい人々の医療をやり続けているのか？

それは他人のいのちが、実は長い時間軸の中で自分や自分の子孫のいのちと繋がっているからだ。

自国民のいのちのみが大切で、途上国の人々のいのちなど自分に関係のない遠い出来事なのだと生き続けたら、どうなるだろう。

やがて前の戦争末期に歴史が証明したように、たとえ同じ国民であっても追い込まれていけば、自分から遠い存在から切り捨て、自分や身内以外はどうなってもいいと考えるようになるだろう。

いのちに関わるよりほかに、真にいのちに関する文化を創る方法はない。

そして、いのちを大切にする行為の継続によってのみ、いのちを大切にする文化は創られていくのだ。

私が途上国で医療を行っているのは、日本人が途上国の人々の力を借りて行う、未来の日本人のいのちを救うための文化創生事業なのだ。

自己のいのちの大切さをこころから感得できた者は、やがてまわりの人々のいのちを大切にしたくなる。

そしてその輪が少しずつ拡大し、社会を幸せにしていく。

社会を幸せにしたものは、社会から必要とされ、自身も幸せになる。

それは国家も人も、同じだと思う。

二〇一四年五月吉日

吉岡秀人

吉岡秀人

よしおか ひでと

ジャパンハート代表。医師。

1965年大阪生まれ。大分大学医学部卒業後、大阪、神奈川の救急病院などで勤務。1995年からミャンマーで医療活動を開始。その後一度帰国し、岡山病院小児外科、川崎医科大学小児外科講師などを経て、2003年から再びミャンマーで医療活動を行う。2004年、国際医療ボランティア団体「ジャパンハート」を設立。海外では医療活動のほか、視覚障がい者自立支援活動や子どもたちの保護と養育施設を目的とした「DreamTrain」の運営、災害孤児の養育支援や学校での保健・衛生教育事業、医師・看護師育成事業などを行っている。

国内外でのさまざまな取り組みは、多くのメディア、テレビ番組などで紹介され大反響を得る。おもな著書には『命を燃やせ――いま、世界はあなたの勇気を待っている』（講談社）、『飛べない鳥たちへ――無償無給の国際医療ボランティア「ジャパンハート」の挑戦』（風媒社）、『死にゆく子どもを救え』（冨山房インターナショナル）、『1度きりの人生だから絶対に後悔したくない！だけど、まわりの目が怖くて、なかなか動けない。そんな20代の君が1歩を踏み出す50のコトバ』（すばる舎リンケージ）。

特定非営利活動法人ジャパンハート

2004年、国際医療ボランティア団体として設立。

「医療の届かないところに医療を届ける」という理念のもと、その活動はミャンマーから始まり、カンボジア、ラオスまで広がる。日本から東南アジアの途上国へ多くの医療者やボランティアを派遣し、診療・手術などの実際の医療活動を展開するほか、保健活動、医療人材育成活動、貧しさから人身売買の危険にさらされ、学校に行けない子どもたちの養育施設の運営、視覚障がい者自立支援活動、医療人材の育成などがある。

国内では、医療者不足が深刻な僻地離島および被災地への医療人材支援、ガンの子どもに旅行を通して闘病への勇気をもつきっかけとする「すまいる・スマイルプロジェクト」などを行っている。

これまでミャンマーのサイクロンナルギスをはじめ、東日本大震災、フィリピン台風30号などの災害時には、いち早く医師・看護師らからなる国際緊急医療支援チームを派遣した。

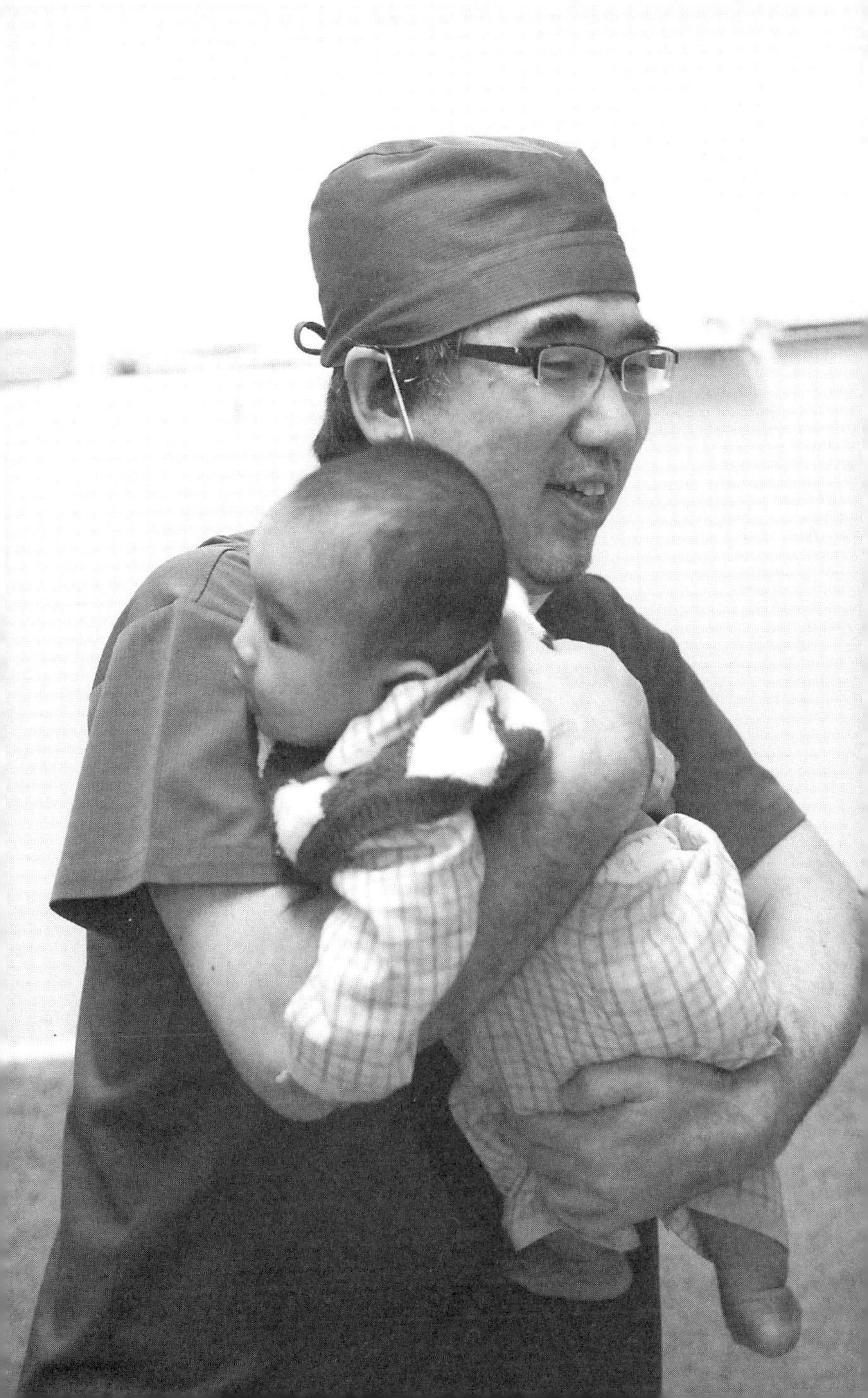

デザイン　井上新八
DTP　株式会社三協美術
帯写真　アマナイメージズ
本文写真　JUNJI NAITO
編集協力　浦野敏裕（エディ・ワン）
編集担当　真野はるみ（廣済堂出版）

救う力　人のために、自分のために、いまあなたができること

2014年6月4日　第1版第1刷
2022年4月21日　第1版第5刷

著者　吉岡秀人

発行者　伊藤岳人
発行所　株式会社 廣済堂出版
〒101-0052 東京都千代田区神田小川町2－3－13
M&C ビル 7F
電話　03-6703-0964（編集）
03-6703-0962（販売）
Fax　03-6703-0963（販売）
振替　00180-0-164137
URL　https://www.kosaido-pub.co.jp/
印刷・製本　三松堂株式会社

ISBN　978-4-331-51839-7　C0095